新能源汽车
驱动电机构造与检修

主　编　税清勇　青　山　任国强
副主编　苟　柯　唐　松　王安安
参　编　李　刚　王代兵　谭清文　陈　静　陈长奎　陈海军　徐　刚
主　审　伍洪禄

电子工业出版社
Publishing House of Electronics Industry
北京·BEIJING

内 容 简 介

本书依据新能源汽车驱动电机的构造原理及检修知识进行编写，分为 7 个项目，分别是驱动电机认知、永磁同步电机拆装与检测、驱动电机减速器拆装与检测、驱动电机控制器结构与检测、高压电控总成认知、电驱冷却系统认知与检修，以及驱动电机更换。本书内容由浅入深，逐步递进，不仅注重理论知识的传授，还特别强调对学生实操技能的培养。此外，为了方便读者学习，本书还配有电子教学资料包。

本书可作为职业院校新能源汽车相关专业的教材，也可作为新能源汽车相关技术人员的参考资料及相关企业的培训教材。

未经许可，不得以任何方式复制或抄袭本书之部分或全部内容。
版权所有，侵权必究。

图书在版编目（CIP）数据

新能源汽车驱动电机构造与检修 / 税清勇，青山，任国强主编. -- 北京：电子工业出版社，2024. 10.
ISBN 978-7-121-49066-8

Ⅰ. U469.720.3

中国国家版本馆 CIP 数据核字第 2024J24Q51 号

责任编辑：张镨丹
印　　刷：天津市光明印务有限公司
装　　订：天津市光明印务有限公司
出版发行：电子工业出版社
　　　　　北京市海淀区万寿路 173 信箱　邮编：100036
开　　本：880×1 230　1/16　印张：11.25　字数：259.2 千字
版　　次：2024 年 10 月第 1 版
印　　次：2024 年 10 月第 1 次印刷
定　　价：45.00 元

凡所购买电子工业出版社图书有缺损问题，请向购买书店调换。若书店售缺，请与本社发行部联系，联系及邮购电话：（010）88254888，88258888。
质量投诉请发邮件至 zlts@phei.com.cn，盗版侵权举报请发邮件至 dbqq@phei.com.cn。
本书咨询联系方式：（010）88254549，zhangpd@phei.com.cn。

前 言
PREFACE

在能源危机与环境保护的挑战与要求下，新能源汽车正以前所未有的速度蓬勃发展，成为全球汽车产业变革的重要力量。驱动系统作为新能源汽车的"心脏"，对其构造与检修技术的掌握对于保障车辆的高效运行和可靠性至关重要。

新能源汽车驱动电机是一个复杂而精密的系统，它融合了电气工程、机械工程、控制工程等学科的知识和技术。与传统燃油车的发动机相比，驱动电机具有更高的能量转换效率、更精确的控制性能和更低的排放。然而，其独特的构造和工作原理也给技术人员带来了新的挑战。为了满足新能源汽车行业对人才的需求，编者根据职业院校相关专业的教学特点，基于"项目引领、任务驱动"的思路编写了本书。

本书针对职业教育的特点和规律，紧紧围绕技能型人才的培养目标，以能力为本位，以工作过程为导向，以职业活动为主线，以任务为驱动，将新能源汽车驱动电机的构造原理与其检修知识和技能进行了有机结合。同时，结构拆装和检修采用了实物流程图，便于学生理解，降低了检修知识及技能点的传授难度。

本书旨在为读者提供关于新能源汽车驱动电机全面、系统且实用的知识体系。全书分为7个项目：驱动电机认知、永磁同步电机拆装与检测、驱动电机减速器拆装与检测、驱动电机控制器结构与检测、高压电控总成认知、电驱冷却系统认知与检修，以及驱动电机更换。

本书在内容编写上具有以下特点。

（1）遵循职业教育理念。本书旨在加强文化基础与技术技能教育，满足新能源汽车专业高素质人才培养的标准。

（2）任务目标清晰、明确。每个项目都设定了清晰的工作任务，帮助学生明确目标，确保学习过程能够有针对性。

（3）设置案例，任务引领。每个工作任务都基于企业实际工作案例，使学习内容与生产实践紧密结合，激发学生的学习兴趣。

（4）内容实用，表述简练。文字简练，脉络清晰，理论阐述言简意赅，遵循"必需""够用"的原则，确保在传授实用知识的同时保持知识体系的完整性。

本书由四川省遂宁市安居职业高级中学校税清勇、青山以及四川职业技术学院任国强担任主编；四川省遂宁市安居职业高级中学校苟柯、四川江淮汽车有限公司唐松、遂宁市职业技术学校王安安担任副主编；四川省遂宁市安居职业高级中学校李刚、谭清文、陈海军，四川省蓬溪县中等职业技术学校王代兵、陈长奎，四川省宜宾市南溪职业技术学校陈静、四川省大英县中等职业技术学校徐刚参与了编写。四川省遂宁市安居职业高级中学校伍洪禄负责本书的主审工作。

由于编者水平有限，书中难免存在疏漏之处，敬请广大读者批评指正。

编　者

目 录
CONTENTS

项目1 驱动电机认知 ········· 001
  1.1 术语和定义 ········· 002
  1.2 驱动电机的特性要求 ········· 003
  1.3 驱动电机如何选择 ········· 004
  1.4 驱动电机的基本原理及特性 ········· 004
    1.4.1 基本原理 ········· 004
    1.4.2 特性 ········· 005
  1.5 驱动电机的发展 ········· 006
    1.5.1 驱动电机的发展历史 ········· 006
    1.5.2 驱动电机的发展现状 ········· 007
    1.5.3 驱动电机的发展趋势 ········· 008
  1.6 驱动电机型号及额定值（铭牌数据） ········· 008
    1.6.1 驱动电机型号 ········· 008
    1.6.2 驱动电机额定值（铭牌数据） ········· 010
  1.7 驱动电机的分类 ········· 010
    1.7.1 直流电机 ········· 011
    1.7.2 交流感应电机 ········· 012
    1.7.3 永磁同步电机 ········· 013
    1.7.4 开关磁阻电机 ········· 014
    1.7.5 常见四种电机性能对比 ········· 015
  1.8 轮毂电机 ········· 020
    1.8.1 轮毂电机的结构 ········· 020
    1.8.2 减速驱动轮毂电机 ········· 021
    1.8.3 直接驱动轮毂电机 ········· 021

项目 2　永磁同步电机拆装与检测 ··· 023
 2.1　永磁同步电机概述 ··· 024
  2.1.1　术语和定义 ··· 024
  2.1.2　永磁同步电机分类 ··· 025
 2.2　永磁同步电机的结构及工作原理 ··································· 026
  2.2.1　永磁同步电机的结构 ·· 026
  2.2.2　永磁同步电机的工作原理 ······································ 031
 2.3　永磁同步电机旋转变压器 ·· 031
  2.3.1　旋转变压器的工作原理 ··· 032
  2.3.2　旋转变压器的作用 ··· 032
 2.4　永磁同步电机拆装 ··· 033
  2.4.1　比亚迪 e5 永磁同步电机的拆装步骤 ·························· 033
  2.4.2　工业永磁同步电机的拆装步骤 ································· 037
 2.5　驱动电机检测 ··· 041
  2.5.1　比亚迪 e5 永磁同步电机的检测步骤 ·························· 041
  2.5.2　永磁同步电机（工业电机）的检测步骤 ····················· 043

项目 3　驱动电机减速器拆装与检测 ··· 051
 3.1　纯电动汽车减速器概述 ·· 052
  3.1.1　减速器总成的工作原理 ··· 053
  3.1.2　减速器的作用 ·· 053
  3.1.3　减速器的特性 ·· 053
  3.1.4　减速器的分类 ·· 054
 3.2　减速器的结构 ··· 054
  3.2.1　减速器的组成及作用 ·· 054
  3.2.2　比亚迪 e5 减速器结构 ··· 057
 3.3　减速器的检修 ··· 059
  3.3.1　减速器的维护保养 ··· 059
  3.3.2　减速器润滑油的更换 ·· 060
 3.4　减速器拆装与检测——以比亚迪 e5 减速器为例 ················ 062
  3.4.1　减速器总成检测 ·· 062
  3.4.2　减速器总成的检测方法及相关标准 ··························· 063
  3.4.3　减速器故障处理方式 ·· 064

项目 4　驱动电机控制器结构与检测 ··· 073
 4.1　驱动电机控制器的结构及特点 ······································ 075
  4.1.1　驱动电机控制器概述 ·· 075

	4.1.2 驱动电机控制器的基本结构	075
4.2	驱动电机控制器的功能	080
4.3	典型驱动电机控制器	082
	4.3.1 独立结构式驱动电机控制器的结构及特点	083
	4.3.2 非独立结构式驱动电机控制器的结构及特点	089
4.4	驱动电机控制器检测	094

项目 5 高压电控总成认知 ············ 103

- 5.1 高压电控总成概述 ············ 104
  - 5.1.1 驱动控制 ············ 105
  - 5.1.2 充放电控制 ············ 106
  - 5.1.3 DC-DC 转换器 ············ 106
  - 5.1.4 高压配电控制 ············ 106
  - 5.1.5 漏电检测及主动泄放控制、被动泄放控制 ············ 107
- 5.2 高压电控总成外部接口 ············ 107
- 5.3 高压电控总成内部模块介绍 ············ 108
  - 5.3.1 高压电控总成上层模块 ············ 109
  - 5.3.2 高压电控总成下层模块 ············ 110
  - 5.3.3 高压电控总成中间冷却水道 ············ 111
- 5.4 高压电控总成高压连接关系及低压接插件定义 ············ 111
  - 5.4.1 高压电控总成高压连接关系电路图 ············ 111
  - 5.4.2 高压电控总成 64PIN 和 33PIN 低压信号接插件引脚说明 ············ 113

项目 6 电驱冷却系统认知与检修 ············ 122

- 6.1 电驱冷却系统认知 ············ 123
  - 6.1.1 电驱冷却系统的作用 ············ 124
  - 6.1.2 电驱冷却系统的类型 ············ 124
  - 6.1.3 电驱冷却系统的组成 ············ 125
  - 6.1.4 电驱冷却系统的工作原理 ············ 130
- 6.2 典型电驱冷却系统的组成和工作过程 ············ 131
  - 6.2.1 电驱冷却系统的组成 ············ 131
  - 6.2.2 电驱冷却系统的工作过程 ············ 134
- 6.3 电驱冷却系统检修 ············ 135
  - 6.3.1 电驱冷却系统基本检查 ············ 135
  - 6.3.2 电驱冷却系统就车检测 ············ 135
  - 6.3.3 电驱冷却系统电路检测 ············ 137

项目 7　驱动电机更换 ··· 144
 7.1　驱动电机检测 ··· 145
  7.1.1　驱动电机主要技术性能评价参数 ·· 145
  7.1.2　驱动电机基本电量参数的检测 ·· 145
 7.2　驱动电机拆卸 ··· 153
 7.3　驱动电机安装 ··· 159

项目 1

驱动电机认知

情境引入

小李准备去购买一台新能源汽车，但是对新能源汽车性能方面所知比较少，如果你是一名新能源汽车销售人员，那么你能给小李介绍一下新能源汽车驱动电机方面的基本知识吗？

任务目标

素质目标

1. 培养对驱动电机领域的兴趣和好奇心。
2. 培养观察、分析和解决问题的能力。
3. 培养团队合作和沟通能力。
4. 培养创新思维和批判性思维。

知识目标

1. 了解驱动电机的基本原理和工作机制。
2. 掌握驱动电机的类型、特点和应用。
3. 学习驱动电机的性能参数和测试方法。

技能目标

1. 培养学生搜集和整理相关资料的能力。
2. 能够识别和区分不同类型的驱动电机。

新能源汽车驱动电机构造与检修

思考与成长

环境保护：节能减排与新能源汽车紧密相关。新能源汽车，如电动汽车和氢燃料电池汽车，通过使用清洁能源，大大减少了尾气排放和温室气体的产生。这对于降低空气污染、减缓全球变暖具有重要意义。同时，新能源汽车的发展推动了能源结构的调整，促进了可再生能源的利用。让我们共同支持新能源汽车，为节能减排贡献一份力量！

知识解析

1.1 术语和定义

驱动电机是一种将电能转化为机械能，用来驱动其他装置的电气设备。驱动电机、电控系统、动力电池是电动汽车的核心部件，称为"三电"。驱动电机作为新能源汽车的三大核心部件之一，如图 1-1 所示，相比传统工业驱动电机，新能源汽车驱动电机有更高的技术要求。在进行后面内容的学习之前，我们有必要了解相关的术语及其定义。

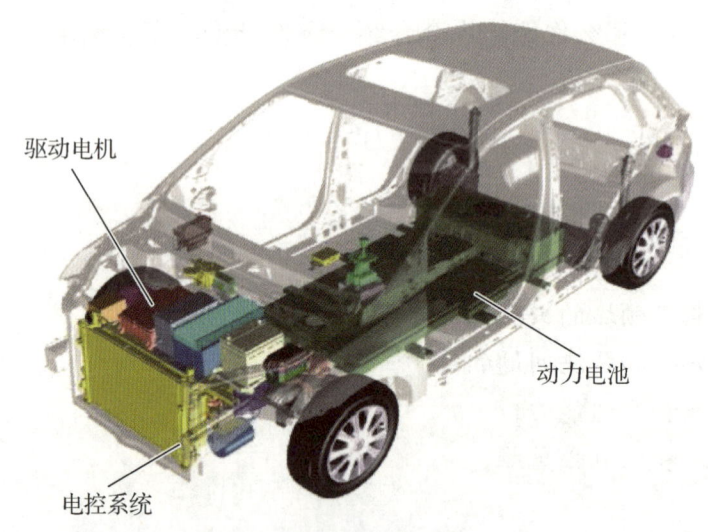

图 1-1 新能源汽车驱动电机

新能源汽车：指采用非常规的车用燃料作为动力来源（或使用常规的车用燃料、采用新型车载动力装置），综合车辆动力控制和驱动方面的先进技术形成的技术原理先进、具有新技术和新结构的汽车。

驱动电机：新能源汽车的动力源，负责将电能转化为机械能，驱动车辆行驶。

永磁同步电机：一种利用永磁体建立磁场的同步电机，具有高效率、高功率密度和良好的转矩特性。

异步电机：也称为感应电机，是通过定子绕组产生旋转磁场，使转子在磁场中感应出电流并产生转矩的电机。

电机控制器：负责控制驱动电机的运行，包括功率变换、转矩控制、速度调节等功能。

峰值功率：驱动电机在短时间内能够输出的最大功率。

持续功率：驱动电机在长时间内能够持续输出的功率。

转矩：电机输出的力矩，用于驱动车辆运动。

转速：电机轴的旋转速度，通常以每分钟转数（r/min）表示。

功率密度：单位体积或质量的电机所能输出的功率，是衡量电机性能的重要指标之一。

效率：驱动电机将输入电能转化为机械能的比例，高效的驱动电机能够提高能源利用效率。

续航里程：新能源汽车在单次充电后可行驶的最大距离。

电池容量：新能源汽车所搭载的电池能够存储的电荷量，通常以安时（Ah）表示。

1.2 驱动电机的特性要求

新能源汽车在行驶过程中需要驱动电机频繁地启动、停止、加速、减速等。在起步、低速行驶和爬坡时需要驱动电机输出高转矩，在高速行驶时需要驱动电机输出高功率。同时，驱动电机的转速范围应能满足汽车从零到最大行驶速度的要求，即要求驱动电机具有高的比功率和功率密度。因此，新能源汽车的驱动电机应满足以下方面的要求。

（1）高电压。

在允许的范围内，尽可能采用高电压，以减小驱动电机的工作电流，这样可以减小驱动电机的外形尺寸和内部导线等装备的尺寸，特别是可以降低逆变器的制造成本。驱动电机工作电压由274V提高到500V时，在外形尺寸不变的条件下，驱动电机最高功率可由33kW提高到50kW，最大转矩由350N·m提高到450N·m。由此可见，驱动电机采用高电压驱动对汽车动力性能的提高极为有利。

（2）高转速、质量轻、体积小。

新能源汽车所采用的驱动电机最高转速可以达到8000～27000r/min，通过采用铝合金或其他轻质合金材料作为电机外壳的途径可以降低驱动电机整体质量，在一定程度上能够延长车辆续航里程。

（3）具有较大的启动转矩和较大范围的调速性能。

新能源汽车的驱动电机能满足车辆启动、加速、行驶、减速、制动等所需的转矩、功率与转速。电机还具有自动调速功能，以简化传动系统，提高传动效率，同时可以减轻驾驶员的操纵强度，提高驾驶的舒适性，且能够达到或超越与传统汽车同样的加速性能。

（4）较大的过载能力。

驱动电机能耐受4～5倍过载负荷的工作能力，能够满足车辆短时加速行驶和最大爬坡度的要求。

（5）高效率。

驱动电机具有非常高的可控制性、高效率、低损耗，并在车辆减速时，能进行能量回收。

（6）高安全性。

驱动电机的安全性应达到有关标准，规定新能源汽车的动力电池和驱动电机的工作电压达300V以上，因此车辆应装备有高压保护装置以保证使用和维修的安全。

（7）高可靠性。

驱动电机能够适应恶劣的工作条件。驱动电机具有较高的工作可靠性、耐温和耐潮性，并且运行时噪声低，能够在较恶劣的环境下长期工作。

（8）低成本。

电动汽车的成本是影响其市场竞争力的重要因素，因此驱动电机需要具有低成本特性，以降低整车成本。

（9）低噪声。

电动汽车的噪声水平是影响乘客舒适度的重要因素，因此驱动电机需要具有低噪声特性，以提高乘客的舒适度。

1.3 驱动电机如何选择

新能源汽车驱动电机的选择，应从以下方面进行考虑。

功率和扭矩：根据车辆的设计和使用需求，选择合适的功率和扭矩。

效率：高效率的驱动电机可以降低能耗，提高续航里程。

可靠性：驱动电机需要具有高可靠性，以保证车辆的安全性和稳定性。

噪声：低噪声的驱动电机可以提高乘客的舒适度。

尺寸和质量：驱动电机需要具有合适的尺寸和质量，以减小其体积和质量，从而提高车辆的空间利用率。

成本：低成本的驱动电机可以降低整车成本。

调速范围：驱动电机需要具有宽调速范围，以适应不同的行驶工况。

1.4 驱动电机的基本原理及特性

1.4.1 基本原理

新能源汽车驱动电机是指用于驱动新能源汽车的电机。它是新能源汽车的核心部件之一，其性能直接影响新能源汽车的动力性、经济性和稳定性。新能源汽车驱动电机的基本原理是利用电磁感应原理（见图1-2），将电能转化为机械能，从而驱动汽车行驶。

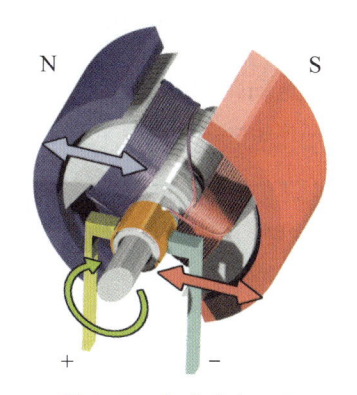

图1-2 电磁感应原理

当驱动电机接通电源时，电流通过定子绕组产生磁场，该磁场在转子绕组中产生感应电动势，从而产生电流。电流在磁场中受到电磁力的作用，产生转矩，驱动转子旋转。通过控制驱动电机的电流和电压，可以控制驱动电机的输出功率和转矩，从而实现对汽车的驱动。

当车辆驱动行驶时，驱动电机控制器控制驱动电机使其发挥电动机的功能，将动力电池提供的电能转化为机械能，驱动车轮；当车辆减速或制动时，驱动电机控制器控制驱动电机使其发挥发电机的功能，将车轮的机械能转化为电能，回馈给动力电池。与此同时，旋转信号传感器和温度传感器可将驱动电机的工作状态信息传输给驱动电机控制器，驱动电机控制器依据这些信息，对驱动电机实施控制和保护，如图1-3所示。驱动电机组件在工作过程中会产生大量的热，驱动电机冷却循环水管中的冷却液可将多余热量带走，使其保持在正常的温度范围。

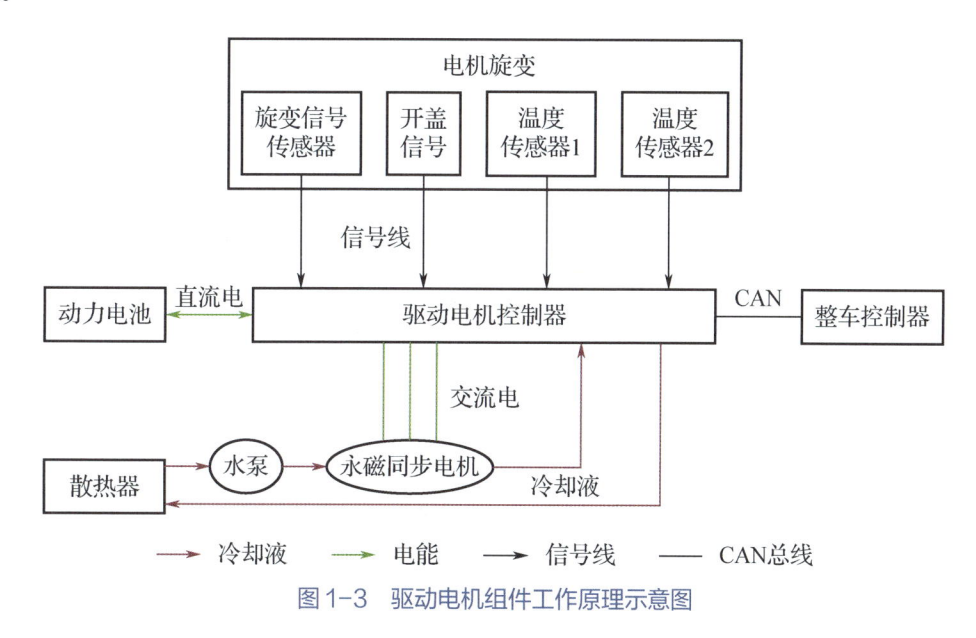

图1-3 驱动电机组件工作原理示意图

1.4.2 特性

高效率：高效率的驱动电机可以提高新能源汽车的续航里程和能源效率。

高功率密度：高功率密度的驱动电机可以减小其体积和质量，提高车辆的空间利用率。

高可靠性：驱动电机需要具有高可靠性，以保证车辆的安全性和稳定性。

低噪声：低噪声的驱动电机可以提高乘客的舒适度。

宽调速范围：宽调速范围的驱动电机可以适应不同的行驶工况。

低成本：低成本的驱动电机可以降低整车成本。

1.5 驱动电机的发展

1.5.1 驱动电机的发展历史

电机经历了直流电机——交流三相异步电机——永磁同步电机——开关磁阻电机的发展阶段。

第一阶段：理论的诞生。

任何事物的诞生都先要有理论，发现这个理论的是丹麦物理学家奥斯特。1812年，他最先提出了光与电磁之间联系的设想。1820年，奥斯特因电流磁效应这一杰出发现获英国皇家学会的科普利奖章。电动机使用了通电导体在磁场中受力的作用的原理，由此开辟了物理学的新领域——电磁学。

第二阶段：电机的出现。

1821年，法拉第完成了一项重大的发现。法拉第从奥斯特的发明中得到启发，进行水银杯转动实验，首次利用电磁感应效应将电能转换为旋转运动的机械能，进而发明了第一台电动机，它是第一台利用电流使物体运动的装置。虽然装置简陋，但它是当今世界所有电动机的祖先。1873年，比利时人格拉姆发明了大功率电动机，电动机从此开始大规模用于工业生产。直流电机早期在电动车上被采用，1889年俄国工程师杜列夫·杜波洛沃尔斯基发明了鼠笼式三相电机，这是第一台能够被使用的交流三相异步电机，至此电机发展到了可以进入工业应用的阶段。

第三阶段：电机的发展。

在20世纪随着社会生产力的发展和科技的发展，电机设备也越来越完善了。1921年，电机引入了革命性的新设计理念，进一步提高了其可靠性和效率。在之后的70年里，无刷直流电机、感应电动机、同步电动机和步进电动机等各种电机相继诞生，半导体技术和电子控制概念的引入，带来了变频驱动的实用化。到20世纪末期，计算技术的飞跃发展为高性能驱动电机带来了机会，随着设计、评价、测量、控制、功率半导体、轴承、磁性材料、绝缘材料、制造加工技术的不断进步，电机本体经历了轻量化、小型化、高力矩输出、低噪声振动、高可靠、低成本等一系列变革，相应的驱动和控制装置也更加智能化和程序化。

1.5.2 驱动电机的发展现状

驱动电机系统为新能源汽车的关键部件，直接影响新能源汽车的性能和可靠性。从20世纪80年代开始，随着新能源汽车产业的发展，国内外有大量的研究机构和企业进行新能源汽车驱动电机系统的研究开发。通过多年的发展，国内外驱动电机系统的技术均取得了明显进步。国外从20世纪80年代开始进行对驱动电机系统的研究，目前已构建了较为完善的驱动电机系统开发体系和生产制造体系，开发出了一系列具有较强竞争力的驱动电机系统产品。我国是从20世纪90年代开始对驱动电机系统进行研究的，特别是从2001年起，科技部开始实施"十五"至"十三五"连续四个五年计划的电动汽车重大专项计划，加上国家发展改革委、财政部、工信部等部委的各种政策支持，我国新能源汽车产销量已连续几年居于世界首位，占全球产销量的50%以上。2022年，我国新能源汽车产销量分别完成705.8万辆和688.7万辆，同比分别增长96.9%和93.4%，连续8年保持全球第一。新能源汽车市场占有率达到25.6%，高于上年12.1个百分点。其中，纯电动汽车销量536.5万辆，同比增长81.6%；插电式混动汽车销量151.8万辆，同比增长1.5倍。截至2023年年底，我国新能源汽车保有量达2041万辆，市场规模达到11500亿元。据有关资料预测，到2040年我国新能源汽车驱动电机年需求量将达3000万台，如图1-4所示。

图1-4 我国新能源汽车驱动电机年需求量预测

随着新能源汽车的快速发展，我国驱动电机系统技术及其产业化得到了长足的进步，具体体现在以下方面。

（1）构建了较完善的永磁同步驱动电机系统和异步驱动电机系统开发平台。

（2）开发出功率（峰值功率）等级为10~250kW的风冷和水冷用异步驱动电机系统和永磁同步驱动电机系统，批量应用于纯电动及混合动力商用车、乘用车和物流车。其中部分产品批量出口欧美国家。

（3）驱动电机的功率密度、最高效率和最高转速等主要性能指标与国外产品相当。

（4）驱动电机和控制器的制造工艺水平和批量制造能力达到国际先进水平。

（5）驱动电机系统的功能安全、电磁兼容性等日趋完善。

（6）驱动电机和控制器的主要材料及零部件实现国产化，一直以来，我国新能源汽车驱动电机和控制器是发展瓶颈的关键材料和元器件（IGBT芯片和模块、SiC芯片和模块、控制芯片及轴承等），现均有替代产品并得到部分批量应用。

（7）构建了比较完善的驱动电机系统的标准体系。

1.5.3 驱动电机的发展趋势

驱动电机系统未来的技术发展趋势如下。

永磁化：由于永磁驱动电机具有效率高、功率密度高等先天优势，随着永磁驱动电机设计制造技术及控制技术的日臻完善，永磁驱动电机将成为驱动电机的主流。

高速化：提升电机的转速是提升功率密度和降低成本较为明显的方法。

集成化：对电机、控制器及机械传动系统，甚至是电气系统等进行不同程度的集成，通过集成可以降低整个驱动电机系统的质量、体积和成本。

数字化：主要指控制系统的数字化，包含硬件与软件两方面。硬件数字化指通过采用高速、高集成度、低成本的专用芯片，使控制电路更为小型化、集成化；软件数字化则体现在电机控制算法（通过采用高性能的转矩转速控制和在线辨识、可靠的故障监控和系统保护、自动适应恶劣工况的变化的控制系统，提升控制系统的稳定性和自适应性等）、具有完善的可靠性测试和高安全性的软件架构上。

平台化和模块化：通过驱动电机系统的平台化和模块化，可以缩短开发周期并降低驱动电机系统的成本。

汽车平台化是车企高效研发的一种战略，通过平台，车企可以将相同的技术和零部件通用到多款车型上，最终达到降低汽车研发和生产成本、提高生产效率的目的。在新能源汽车方面，由于销量基数低，车型数量少，平台化的潜力没有发挥出来。随着传统车企大规模转型新能源汽车，平台化有望成为新能源汽车开发的主流。当前已经明确转型电动化的车企均计划打造专属的电动化平台，如大众MEB平台、比亚迪E平台、吉利SEA平台、广汽第三代GEP平台和现代E-GMP平台等。基于这些平台的新车型有望在未来2~5年内陆续上市。

1.6 驱动电机型号及额定值（铭牌数据）

1.6.1 驱动电机型号

产品型号是为了便于设计、制造、使用机构展开业务联系和简化技术文件中产品称谓、基准、型式等叙述而引述的一种代号。产品型号主要由驱动电机类型代号、尺寸规格代号、信息反馈元件代号、冷却方式代号和预留代号五部分组成，如图 1-5 所示。

```
TX  115  M S  ×××
                └── 预留代号
             └──── 冷却方式代号
           └────── 信息反馈元件代号
      └─────────── 尺寸规格代号
└────────────────── 驱动电机类型代号
```

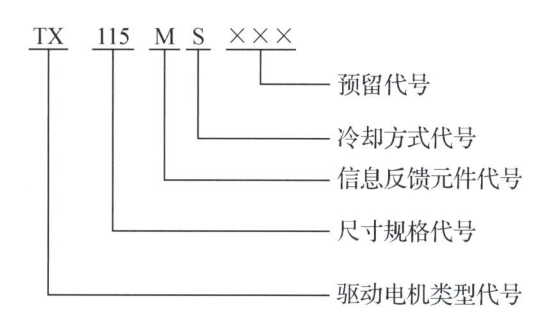

图 1-5　驱动电机代号含义

1．驱动电机类型代号

驱动电机类型代号使用两个字母来代表驱动电机的类型。其代号含义如下。

KC——开关磁阻电机；

TF——方波控制型永磁同步电机；

TX——正弦控制型永磁同步电机；

YR——异步电机（绕线式）；

YS——异步电机（鼠笼式）；

ZL——直流电机。

2．尺寸规格代号

尺寸规格代号一般采用定子铁芯的外径来表示，对于外转子电机，采用外转子铁芯外径来表示。图 1-5 中电机的定子铁芯外径为 115mm。

3．信息反馈元件代号

信息反馈元件即转子位置传感器，其代号含义如下。

M——光电编码器；

X——旋转变压器；

H——霍尔元件。

无传感器不必标注。

4．冷却方式代号

冷却方式代号是根据不同的冷却方式进行标注的，其代号含义如下。

S——水冷方式；

Y——油冷方式；

F——强迫风冷方式。

非强迫冷却方式（自然冷却）不必标注。

5．预留代号

三位预留代号用英文大写字母或阿拉伯数字进行组合，其含义由制造商自行确定。

1.6.2 驱动电机额定值（铭牌数据）

驱动电机额定值是指根据国家标准及电机的设计、试验数据而确定的额定运行数据，是电机运行的基本依据。驱动电机额定值主要包括以下各项。

额定功率：指驱动电机在额定工作条件下能够持续输出的功率。

额定电压：指驱动电机在正常工作时的电压。

额定电流：指驱动电机在额定工作条件下的电流。

额定转速：指驱动电机在额定工作条件下的转速。

额定转矩：指驱动电机在额定工作条件下能够输出的转矩。

有的驱动电机还标明电机的最高转速、绝缘等级（见图1-6）。

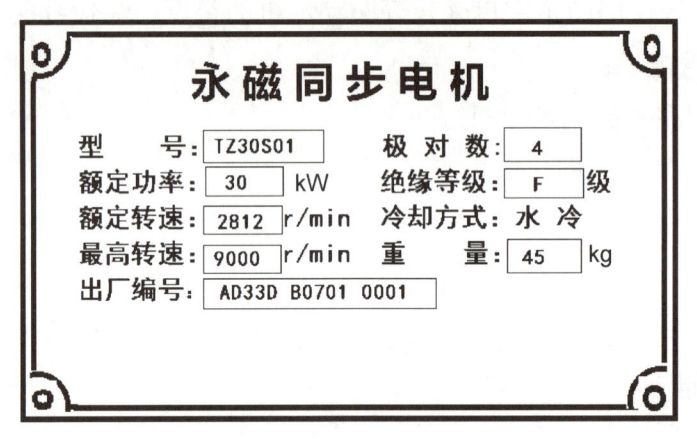

```
永磁同步电机
型    号：TZ30S01      极 对 数：4
额定功率：30   kW      绝缘等级：F  级
额定转速：2812 r/min   冷却方式：水 冷
最高转速：9000 r/min   重    量：45  kg
出厂编号：AD33D B0701 0001
```

图1-6　驱动电机铭牌参数

1.7 驱动电机的分类

新能源汽车驱动电机可分为直流电机和交流电机两大类，如图1-7所示。

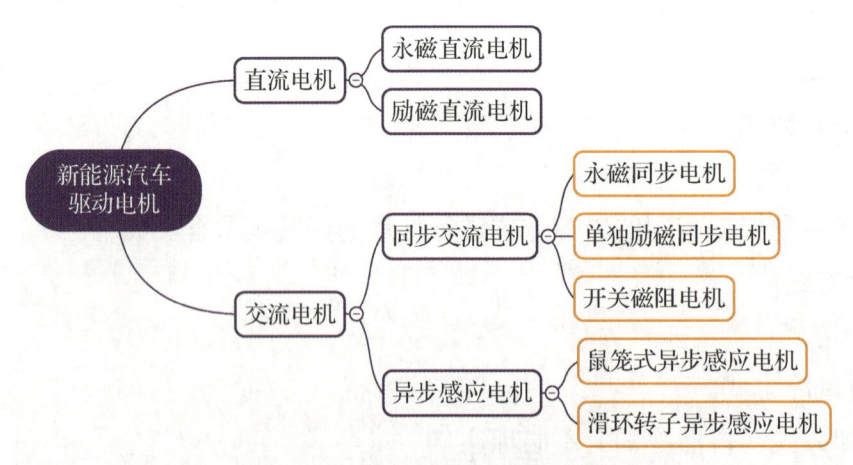

```
新能源汽车驱动电机
├─ 直流电机
│   ├─ 永磁直流电机
│   └─ 励磁直流电机
└─ 交流电机
    ├─ 同步交流电机
    │   ├─ 永磁同步电机
    │   ├─ 单独励磁同步电机
    │   └─ 开关磁阻电机
    └─ 异步感应电机
        ├─ 鼠笼式异步感应电机
        └─ 滑环转子异步感应电机
```

图1-7　新能源汽车驱动电机种类

目前，主流新能源汽车驱动电机主要使用直流电机、交流感应电机（异步感应电机）、永磁同步电机和开关磁阻电机四种电机，如图 1-8 所示。

图 1-8 常用新能源汽车驱动电机种类

1.7.1 直流电机

直流电机是指输入直流电流、输出机械转矩的电动机。它可以实现调速、正反转和制动等功能，在电动汽车、工业自动化、家用电器等领域得到了广泛应用，如图 1-9 所示。

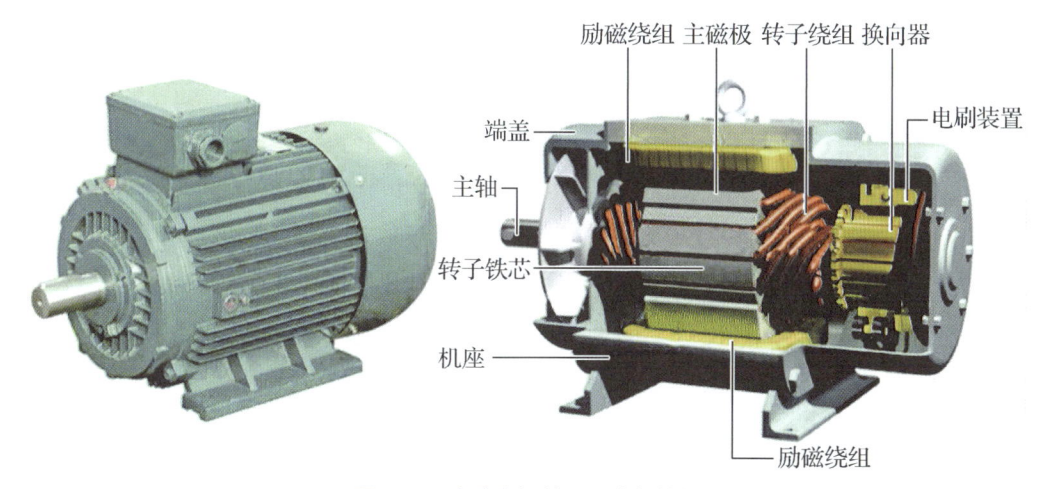

图 1-9 直流电机外观及内部结构

在电动汽车发展的早期，很多电动汽车都采用直流电机方案。主要是看中了直流电机的产品成熟、控制方式容易、调速优良的特点。但由于直流电机本身的短板非常突出，其自身复杂的机械结构（电刷和换向器等）制约了它的瞬时过载能力和电机转速的进一步提高；在长时间工作的情况下，电机的机械结构会产生损耗，增加了维护成本。此外，电机运转时的电刷火花会使转子发热、浪费能量、散热困难，还会造成高频电磁干扰，这些因素都会影响具体整车性能。

直流电机的主要优点如下。

调速范围广：可以通过改变电枢电压、励磁电流、电枢回路电阻等方式实现无级调速，满足不同应用场合的需求。

启动转矩大：直流电机在启动时可以产生较大的启动转矩，能够在短时间内达到额定转速，提高生产效率。

控制简单：直流电机的控制系统相对简单，可以通过调节电枢电压或励磁电流来控制转速和转矩，易于实现自动化控制。

运行可靠：直流电机的机械结构简单，故障率低，运行可靠。

直流电机的缺点如下。

成本较高：相比于交流电机，直流电机的成本较高，尤其是在大功率应用场合。

维护困难：直流电机的电刷和换向器容易磨损，需要定期维护和更换，增加了维护成本。

电磁干扰：直流电机在运行时会产生较强的电磁干扰，对周围设备和环境造成影响。

总的来说，直流电机具有调速范围广、启动转矩大、控制简单、运行可靠等优点，但也存在成本较高、维护困难、电磁干扰等缺点。在实际应用中，需要根据具体需求和使用场合选择合适的电机类型。

1.7.2 交流感应电机

交流感应电机又称交流异步电机，是一种将交流电转化为机械能的装置。它主要由定子、转子和外壳组成，定子和转子之间通过电磁感应相互作用，从而产生旋转运动，如图 1-10 所示。

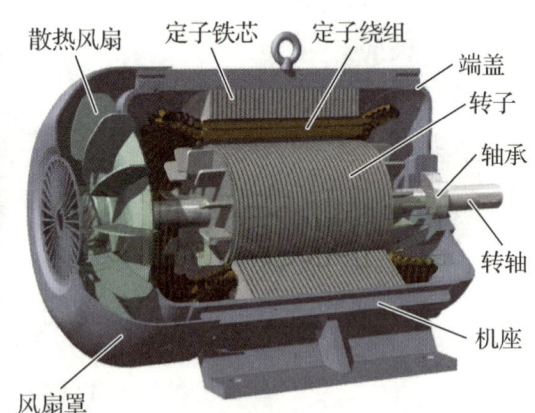

图 1-10 交流感应电机

交流感应电机是目前工业中应用十分广泛的一类电机，其特点是定子、转子由硅钢片叠压而成，两端用铝盖封装，定子、转子之间没有相互接触的机械部件，其结构简单、运行可靠、耐用、维修方便。交流异步电机与同功率的直流电机相比效率更高，质量大约轻了二分之一。如果采用矢量控制的方式，那么可以获得与直流电机相媲美的可控性和更宽的调速范围。由于有着效率高、比功率大、适用于高速运转等优势，交流感应电机是目前大功率电动汽车上应用最广泛的电机。

在高速运转的情况下电机的转子发热严重，工作时要保证电机冷却，同时异步电机的驱动、控制系统很复杂，电机本体的成本也偏高，另外运行时还需要变频器提供额外的无功功率来建立磁场，故与永磁同步电机和开关磁阻电机相比，交流感应电机的效率和功率密度偏低，不是能效最优化的选择。

交流感应电机应用得较多的地区是美国,这也被人认为是和路况有关。在美国,高速公路已经具有一定的规模,除了大城市,汽车一般以一定的高速持续行驶,所以能够让高速运转且在高速时有较高效率的交流感应电机得到广泛应用。

交流感应电机的优点如下。

结构简单:交流感应电机的结构比较简单,其主要由定子、转子和外壳组成,零部件数量较少,易于维护和保养。

运行可靠:交流感应电机运行可靠、故障率较低,能够在各种应用场合下稳定运行。

功率因数高:交流感应电机的功率因数较高,可以提高电网的功率因数,减少无功损耗。

过载能力强:交流感应电机具有较强的过载能力,能够在短时间内承受较大的负载,提高系统的稳定性。

交流感应电机的缺点如下。

调速性能较差:交流感应电机的调速性能相对较差,只能通过改变电源频率来实现有级调速,不能实现无级调速。

启动转矩较小:交流感应电机在启动时的转矩较小,需要配备相应的启动设备,增加了系统的成本和复杂性。

效率较低:交流感应电机的效率相对较低,在低速运行时的效率更低,会浪费一定的电能。

功率较小:交流感应电机的功率相对较小,不能满足大功率应用场合的需求。

交流感应电机广泛应用于工业、农业、交通运输、国防等领域,是一种重要的动力设备。在实际应用中,需要根据具体需求和使用场合选择合适的电机类型。

1.7.3 永磁同步电机

永磁同步电机(Permanent Magnet Synchronous Motor,PMSM)是一种采用永磁体作为励磁源的同步电机,它可以将交流电转化为旋转的机械能,如图1-11所示。

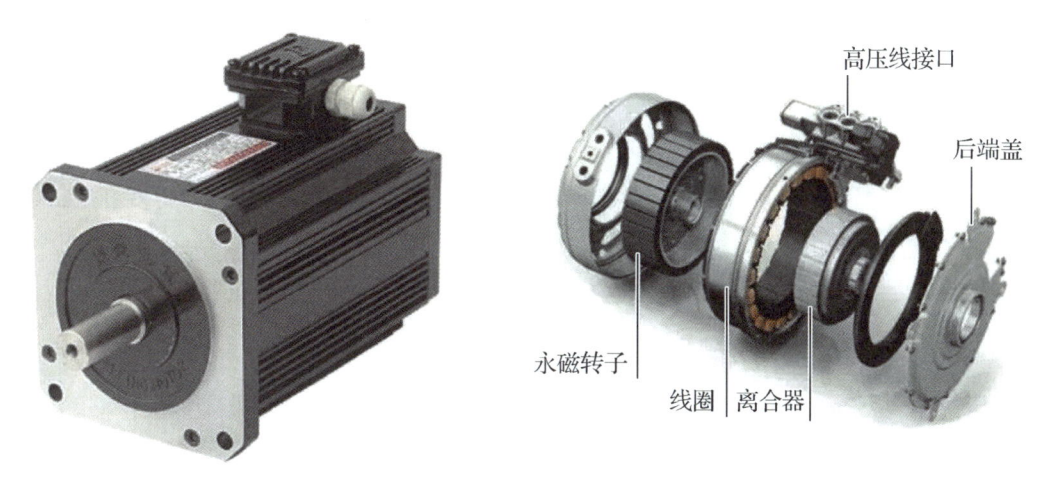

图1-11 永磁同步电机

永磁式电机根据定子绕组电流波形的不同可分为两种类型，一种是无刷直流电机，它具有矩形脉冲波电流；另一种是永磁同步电机，它具有正弦波电流。这两种电机在结构和工作原理上大体相同，转子都是永磁体，减少了励磁所带来的损耗，定子上安装有绕组，其通过交流电来产生转矩，所以冷却相对容易。这类电机不需要安装电刷和换向器，工作时不会产生换向火花，运行安全可靠，维修方便，能量利用率较高。

永磁式电机的控制系统相比于交流感应电机的控制系统来说更加简单。但是由于受到永磁材料本身的限制，在高温、振动和过流的条件下，转子的永磁体会产生退磁现象，所以在相对复杂的工作条件下，永磁式电机容易发生损坏，故这方面还有待继续发展改善。

永磁材料价格较高，因此整个电机及其控制系统成本较高，目前只有稀土资源丰富的中国比较倾向于使用永磁式电机的电动汽车驱动方案。像日本、欧洲，要么是使用轻稀土的永磁材料做永磁电机，要么是直接改用不需要稀土的材料，但对控制器设计要求有更高的开关磁阻电机。

相比于其他类型的电机，永磁同步电机具有以下优点。

高效率：永磁同步电机的效率较高，可以减少能量的浪费。

高功率因数：永磁同步电机的功率因数较高，可以提高电网的功率因数，减少无功损耗。

低噪声：永磁同步电机的噪声较低，可以减少对周围环境的影响。

高可靠性：永磁同步电机的可靠性较高，故障率较低，能够在各种应用场合下稳定运行。

易于控制：永磁同步电机的控制系统相对简单，可以通过调节电枢电压或励磁电流来控制转速和转矩，易于实现自动化控制。

永磁同步电机的缺点如下。

成本较高：相比于其他类型的电机，永磁同步电机的成本较高，尤其是在大功率应用场合。

维护困难：永磁同步电机的永磁体容易受到温度和磁场的影响，需要定期维护和更换，增加了维护成本。

电磁干扰：永磁同步电机在运行时会产生较强的电磁干扰，对周围设备和环境造成影响。

总的来说，永磁同步电机具有高效率、高功率因数、低噪声、高可靠性、易于控制等优点，但也存在成本较高、维护困难、电磁干扰等缺点。在实际应用中，需要根据具体需求和使用场合选择合适的电机类型。

1.7.4　开关磁阻电机

开关磁阻电机（Switched Reluctance Motor，SRM）是一种通过磁阻转矩驱动的电机。它主要由定子、转子和外壳组成，定子和转子之间通过电磁感应相互作用，从而产生旋转运动，如图1-12所示。

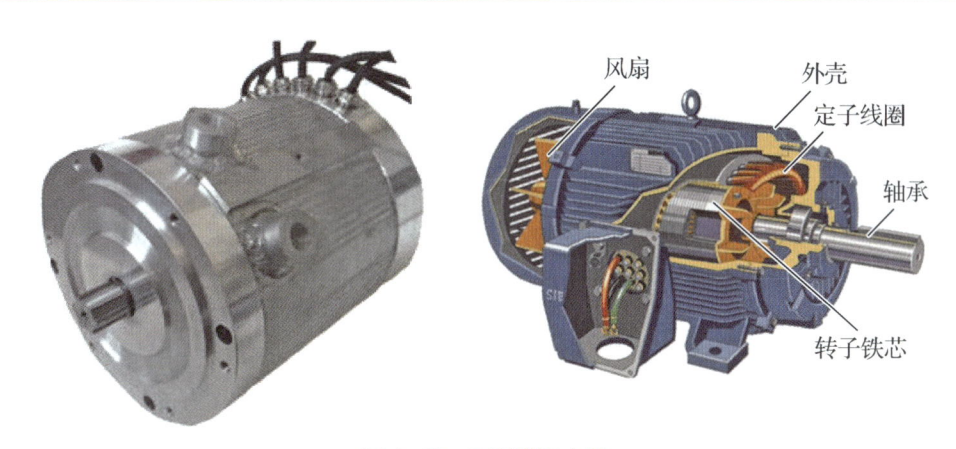

图 1-12　开关磁阻电机

开关磁阻电机作为一种新型电机，相比其他类型的驱动电机而言，开关磁阻电机的结构最为简单，定子、转子均为普通硅钢片叠压而成的双凸极结构，转子上没有绕组，定子上装有简单的集中绕组，具有结构简单、坚固、可靠性高、质量轻、成本低、效率高、温升低、易于维修等优点。开关磁阻电机具有直流调速系统的可控性好的优良特性，同时适用于恶劣环境，非常适合作为电动汽车的驱动电机使用。

相比于其他类型的电机，开关磁阻电机具有以下优点。

高效率：开关磁阻电机的效率较高，可以减少能量的浪费。

高功率因数：开关磁阻电机的功率因数较高，可以提高电网的功率因数，减少无功损耗。

低噪声：开关磁阻电机的噪声较低，可以减少对周围环境的影响。

高可靠性：开关磁阻电机的可靠性较高，故障率较低，能够在各种应用场合下稳定运行。

易于控制：开关磁阻电机的控制系统相对简单，可以通过调节电枢电压或励磁电流来控制转速和转矩，易于实现自动化控制。

开关磁阻电机的缺点如下。

成本较高：相比于其他类型的电机，开关磁阻电机的成本较高，尤其是在大功率应用场合。

维护困难：开关磁阻电机的结构比较复杂，零部件数量较多，需要定期维护和保养，增加了维护成本。

电磁干扰：开关磁阻电机在运行时会产生较强的电磁干扰，对周围设备和环境造成影响。

总的来说，开关磁阻电机具有高效率、高功率因数、低噪声、高可靠性、易于控制等优点，但也存在成本较高、维护困难、电磁干扰等缺点。在实际应用中，需要根据具体需求和使用场合选择合适的电机类型。

1.7.5　常见四种电机性能对比

在新能源汽车发展的早期，很多新能源汽车都采用直流电机，主要是因为直流电机的产品成熟、控制方式容易和调速优良等优点。由于直流电机自身机械结构复杂，制约了它的瞬时过载能力和电机转速的进一步提高。在长时间工作的情况下，电机的零部件会产生损耗，

增加了维护成本。此外，直流电机运转时的电刷火花会使转子发热、散热困难，还会造成高频电磁干扰。因此，目前新能源汽车已经将直流电机淘汰。交流感应电机的特点是定子、转子由硅钢片层叠而成，两端用铝盖封装，定子、转子之间没有相互接触的机械部件，其结构简单、运行可靠、耐用、维修方便。交流感应电机与同功率的直流电机相比效率更高，质量更轻。如果采用矢量控制的方式，则可以获得比直流电机更宽的调速范围。但在高速运转的情况下电机的转子发热严重，工作时要保证电机冷却，同时异步电机的驱动、控制系统很复杂，电机本体的成本也偏高。

各类型电机性能比较表如表 1-1 所示。

表 1-1 各类型电机性能比较表

电机性能	电机类型			
	直流电机	交流感应电机	永磁同步电机	开关磁阻电机
最大效率/%	85～89	94～95	95～97	<90
10%负载效率	80～87	79～85	90～92	78～76
最高转速/(r/mim)	4000～6000	9000～15000	4000～10000	>15000
电机成本/(kW/$)	10	8～12	10～15	6～10
控制器成本/$	1	3.5	2.5	4.5
机械坚固性	良	优	良	良
工作可靠性	一般	优	良	良
功率因数/%	无	82～85	90～93	76～78
电机外廓	大	中	小	小
恒功率区	无	1∶5	1∶2.25	1∶3
控制器操作性能	最好	好	好	好

工作任务

总目标：在学习理论知识的基础上，通过任务实施动手实践，完成对新能源汽车驱动电机铭牌参数和结构的认识［以北汽（北京新能源汽车股份有限公司）EV160 为例］

内容	操作
一、准备	
开始作业前，准备好永磁同步电机（以北汽 EV160 为例）结构台架及其相关技术资料。工具箱和防护用品柜内需要有足够的专用维修工具和各类防护用具	① 穿好实训工作服。 ② 穿好劳保鞋。 ③ 检查并佩戴工作手套。 ④ 检查专用维修工具和各类防护用具

续表

内容	操作
二、实训内容	
1. 学生工作	① 在各自工位分组学习。 ② 在充分学习本项目相关知识的基础上，通过查阅相关技术资料了解北汽 EV160 铭牌参数的含义和观察驱动电机外观及内部结构，完成技能学习工单（见本书配套教学资源）。 ③ 7S（整理、整顿、清扫、清洁、素养、安全、节约）管理工作。 ④ 自我评价
2. 指导教师工作	学生在进行上述操作过程中，指导教师应进行下列工作。 ① 向学生讲解安全注意事项，并要求学生在技能学习工单中做记录。 ② 观察、指导学生进行相关操作，及时制止可能发生危险的操作。 ③ 实操结束后审阅学生完成的工单，并结合其操作情况给出评价

操作练习

北汽 EV160 驱动电机系统是纯电动汽车三大核心部件之一，是车辆行驶的主要执行机构，其特性决定了车辆的主要性能指标，直接影响车辆动力性、经济性和用户驾乘感受。

（1）电机铭牌参数认识。

① 驱动电机铭牌参数如图 1-6 所示。

② 驱动电机具有效率高、体积小、质量轻及可靠性高等优点。

③ 驱动电机是动力系统的重要执行机构，是电能与机械能转化的部件。

④ 驱动电机自身的运行状态等信息可以被采集到驱动电机控制器。

⑤ 驱动电机依靠内置传感器来提供电机的工作信息，这些传感器包括旋转变压传感器和温度传感器。

（2）电机零部件认识。

电机零部件认知表如表 1-2 所示。

表1-2 电机零部件认知表

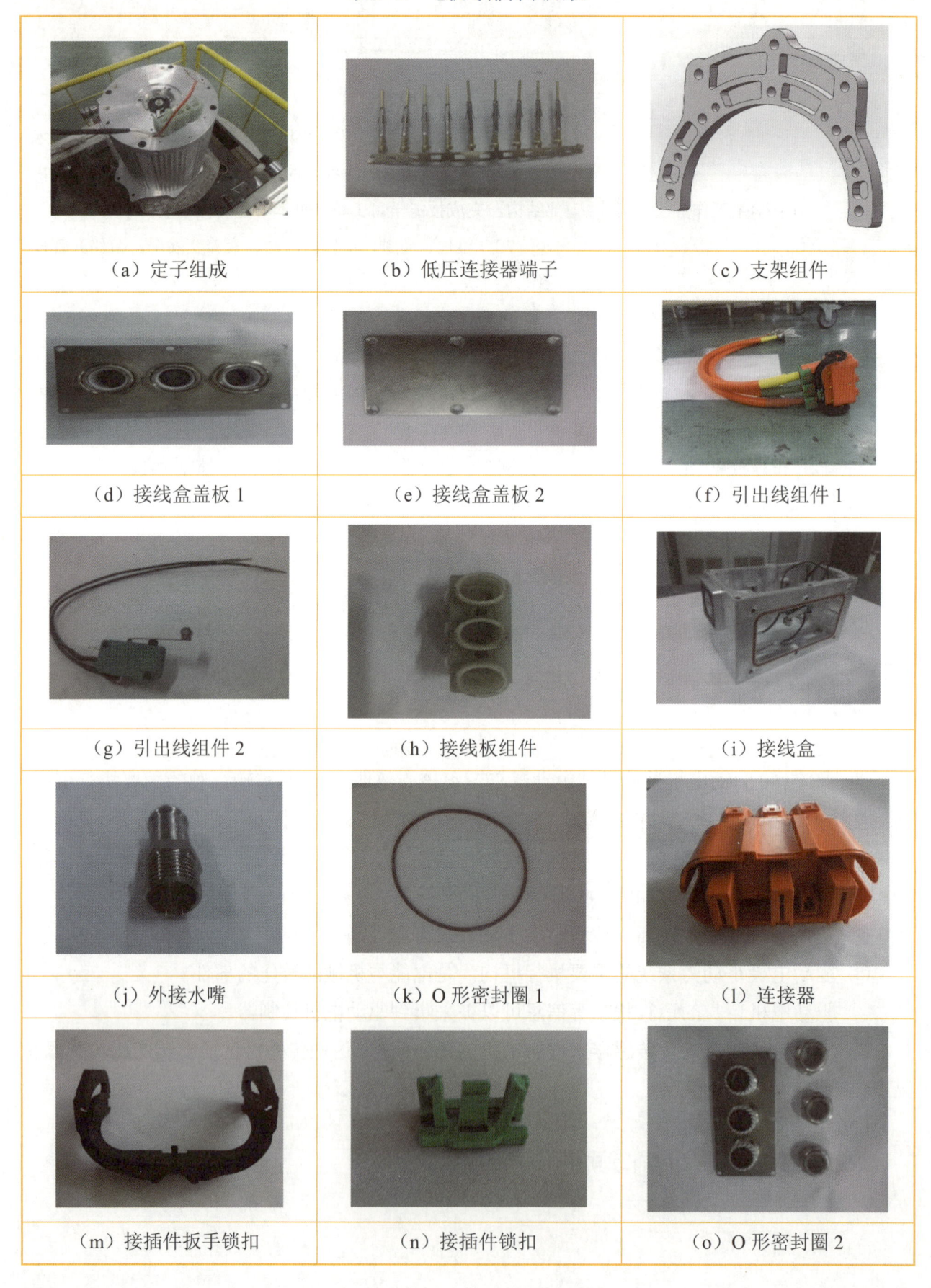

（a）定子组成	（b）低压连接器端子	（c）支架组件
（d）接线盒盖板1	（e）接线盒盖板2	（f）引出线组件1
（g）引出线组件2	（h）接线板组件	（i）接线盒
（j）外接水嘴	（k）O形密封圈1	（l）连接器
（m）接插件扳手锁扣	（n）接插件锁扣	（o）O形密封圈2

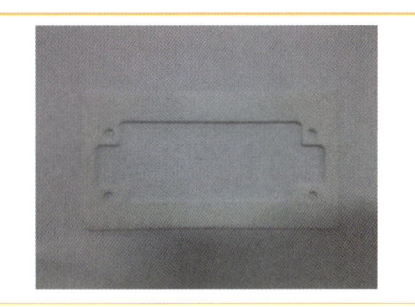

（p）低压插座	（q）密封垫片	

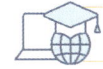

习题

一、判断题

1. 驱动电机要有能耐受 2～3 倍过载负荷的工作能力，能够满足车辆短时加速行驶和最大爬坡度的要求。（　　）

2. 欧、美车企近年来开发的新能源汽车多采用交流感应电机。我国及日本近年来的新能源汽车与新型混合动力车大多采用永磁同步电机。（　　）

3. 我国车用电机在全球资源条件下具有明显的比较优势，具有丰富的稀土资源，为电机业的发展提供了很好的环境。（　　）

4. 我国驱动电机新技术层出不穷，在有些关键技术上取得了突破，已经形成驱动电机的产业进程。（　　）

二、单选题

1. 新能源汽车驱动电机主要有直流电机、交流感应电机、永磁同步电机、开关磁阻电机四种电机，目前（　　）在新能源汽车上的应用较为广泛。

　　A．直流电机　　　　　　　　　　B．交流感应电机

　　C．永磁同步电机　　　　　　　　D．开关磁阻电机

2. 新能源汽车所采用的驱动电机最高转速可以达到 8000～27000r/min，通常采用（　　）作为电机外壳的途径可以降低驱动电机整体质量，在一定程度上能够延长车辆续航里程。

　　A．铸铁　　　　B．ABS 工程塑料　　　C．铝合金　　　　D．高级铸铁

3. 由于车用电机处于（　　）的恶劣条件下运行，要求车用电机必须适应环境，保证车辆稳定、安全运行。

　　A．振动大、冲击大、高电压　　　　B．振动大、灰尘多、温湿度变化大

　　C．高电流、冲击大、灰尘多　　　　D．振动大、灰尘多

新能源汽车驱动电机构造与检修

任务评价

请根据自己任务完成情况，对自己的工作进行评估、总结。

评分内容	自评	互评	教师评	总分
遵守安全规范操作（10分）				
遵守课堂纪律（10分）				
学生面貌（10分）				
课堂氛围（10分）				
团队合作（10分）				
电机零部件的认知（15分）				
技能操作规范性（15分）				
过程与方法（10分）				
完成本任务工作页（10分）				

知识拓展

1.8 轮毂电机

1.8.1 轮毂电机的结构

轮毂电机驱动系统是将电机和减速机构直接放在轮辋中，取消了半轴、万向节、差速器等部件，并采用了能够提供较大减速比的行星齿轮，从而使电机与车轮匹配，再次降低了二级减速器所带来的机械损耗，如图1-13所示。

（a）轮毂电机驱动系统位置　　（b）轮毂电机驱动系统结构

图1-13　轮毂电机驱动系统

轮毂电机具有结构紧凑、车身内部空间利用率高、整车重心低、行驶稳定性好等优点。轮毂电机驱动系统按驱动方式可分为减速驱动和直接驱动两大类。

1.8.2 减速驱动轮毂电机

减速驱动轮毂电机一般采用高速内转子电机，同时为了能获得较高的功率密度，配备了固定传动比的减速器，电机转速最高可达 10000r/min。减速器一般采用行星齿轮减速机构，安装在电机和轮毂之间。电机输出的转矩通过行星齿轮减速器的减速增矩驱动轮毂转动，如图 1-14 所示。

图 1-14 减速驱动轮毂电机结构示意图

1.8.3 直接驱动轮毂电机

直接驱动轮毂电机一般采用低速外转子电机，外转子直接与轮毂连接，电机转速一般在 1500r/min 以内，无减速机构，车轮转速与电机转速一致。直接驱动轮毂电机动力系统通常由电机定子、电机转子、电机控制器等组成，如图 1-15 所示。

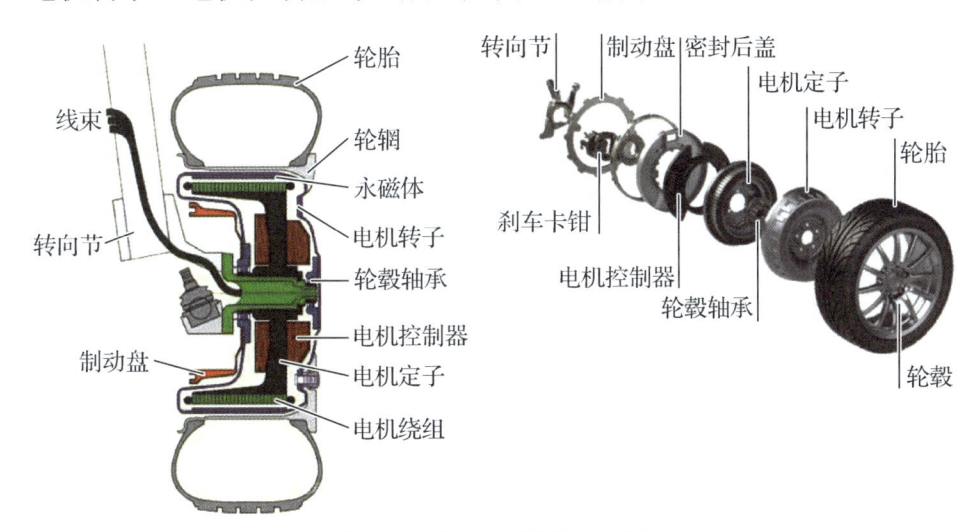

图 1-15 直接驱动轮毂电机结构

电机转子：其内圈镶嵌有永磁体。

轮毂轴承：其内端与电机转子及轮辋连接。轮毂轴承可直接采用与原车匹配的轴承，仅需对电机转子及电机定子上与轮毂轴承配合的安装孔的位置稍作修改即可，电机的主体结构完全不变。这使得该轮毂电机可以方便地实现模块化与通用化，降低成本。

电机定子：其本体为环形中空结构，铸造一次成型，线圈绕组安装在定子本体的外圈；定子本体中空部分为电机的冷却水道，为电机绕组及电机控制器散热。

电机控制器：其为整个轮毂电机的核心，负责电机的逆变功能及协同控制。整个模块封装在一个环形盒中，安装在定子本体内侧。

密封后盖：在外圈与电机转子连接，随电机转子一起旋转。后盖内圈装有环形密封胶圈，防止外界的水和杂物进入定子与转子之间的缝隙。轮毂电机是电机镶嵌在车轮内，定子固定在轮胎上，转子固定在车轴上，一旦通电，定子和转子便相对运动。电子换向器（开关电路）根据位置传感器信号，控制定子绕组通电顺序和时间，产生旋转磁场，驱动转子旋转，转子带动轮胎旋转，从而驱动车辆。

项目 2

永磁同步电机拆装与检测

情境引入

一辆比亚迪 e5 被拖送至 4S 店进行维修，车主反映该车在涉水后车辆无法上电。维修接待人员试车发现车辆上电指示灯不亮、动力系统故障警告灯点亮，且仪表信息区域显示"请检查动力系统"。经高级维修技师初步诊断，发现低压蓄电池和动力电池系统正常，判定电机驱动系统可能存在故障，现需要进行驱动电机检修，确认驱动电机是否正常。请学习相关知识，完成比亚迪 e5 驱动电机的检修任务。

任务目标

素质目标

1. 培养严谨的工作态度，注重细节，确保操作的准确性和安全性。
2. 培养团队合作精神，与团队成员有效沟通和协作。
3. 提高对新能源汽车电机维护的责任感和使命感。

知识目标

1. 理解永磁同步电机的工作原理和结构特点。
2. 掌握永磁同步电机拆装的基本流程和注意事项。
3. 了解电机检测的常用方法和相关标准。

技能目标

1. 熟练掌握永磁同步电机的拆装技能，包括工具使用和操作规范。
2. 能够正确进行永磁同步电机的检测，判断永磁同步电机的性能和故障。
3. 具备根据检测结果进行故障分析和处理的能力。
4. 学会填写和整理永磁同步电机拆装与检测的工作记录和报告。

思考与成长

7S 管理是一种企业现场管理理念和方法，包括整理（Seiri）、整顿（Seiton）、清扫（Seiso）、清洁（Seiketsu）、素养（Shitsuke）、安全（Safety）和节约（Save）。

整理：区分必需品和非必需品，清理非必需品。

整顿：对必需品进行定位、定量摆放，方便取用。

清扫：清理工作场所，保持干净整洁。

清洁：维持整理、整顿和清扫的成果。

素养：培养员工良好的习惯和素质。

安全：确保工作场所的安全。

节约：节约资源，降低成本。

知识解析

2.1 永磁同步电机概述

永磁同步电机（PMSM）是一种通过电磁感应原理进行工作的电机。

永磁同步电机由定子、转子和端盖等部件构成。其以永磁体提供励磁，使电动机结构较为简单，降低了加工和装配费用，且省去了容易出问题的集电环和电刷，提高了电动机运行的可靠性；又因不需要励磁电流，没有励磁损耗，提高了电动机的效率和功率密度。其具有体积小、结构简单及功率密度高等优点，被广泛应用于位置跟踪控制系统中。

2.1.1 术语和定义

永磁同步电机是指转子是永久性磁铁，转子转速与定子旋转磁场转速相同的交流电机。

这种电机利用永磁体产生的稳定磁场与交流电源产生的旋转磁场之间的相互作用，实现机械能和电能之间的转换。在永磁同步电机中，转子上的永磁体产生旋转磁场，而定子上的三相绕组在旋转磁场的作用下产生电枢反应，感应出三相对称电流。这种情况下，如果转子是电动机的一部分，则将电能转化为动能；如果转子是发电机的一部分，则将动能转化为电能。

由于永磁体的使用，永磁同步电机省去了集电环和电刷，简化了电机结构，降低了加工和装配费用，提高了运行的可靠性。并且，由于无须使用励磁电流，这种电机没有励磁损耗，从而提高了效率和功率密度。

2.1.2 永磁同步电机分类

按照不同的分类标准，可将永磁同步电机分为不同类型，并且根据永磁体材料种类、安置方式及永磁体充磁方向的不同，可以形成不同的磁路结构。

1. 按转子的磁钢形状分类

按转子的磁钢形状来分，永磁同步电机可以分为正弦波和梯形波两种。

（1）正弦波永磁同步电机。

正弦波永磁同步电机是一种典型的机电一体化电机。它不仅包括电机本身，而且涉及位置传感器、电力电子变流器及驱动电路等。正弦波永磁同步电机的定子绕组通常采用三相对称的正弦分布绕组，或者转子采用特殊形状的永磁体以确保气隙磁密（气隙中的磁感应）沿空间呈正弦分布，其波形如图 2-1 所示。这样，当电机恒速运行时，定子三相绕组所感应的电动势则为正弦波，正弦波永磁同步电机由此得名。

（2）梯形波永磁同步电机。

由梯形波（方波）永磁同步电机组成的调速系统，在原理和控制方法上与直流电机系统类似，故称这种系统为无刷直流电机调速系统，其波形如图 2-2 所示。永磁无刷直流电机与传统有刷直流电机相比，是用电子换向取代原直流电机的机械换向，并将原有刷直流电机的定子、转子颠倒（转子采用永磁体），从而省去了机械换向器和电刷。其定子电流为方波，并且控制较简单，但在低速运行时性能较差，主要受转矩脉动的影响。

图 2-1 永磁同步电机每相励磁磁场强度的正弦波

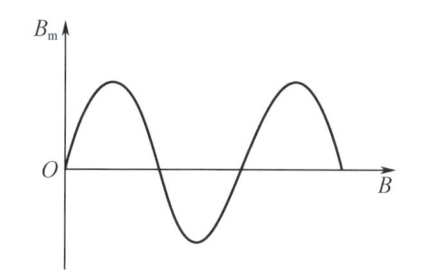

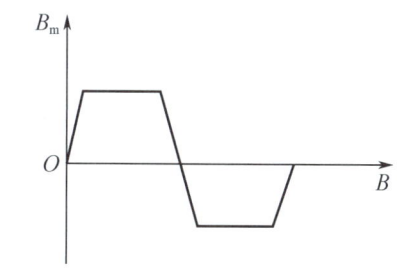

图 2-2 永磁同步电机每相励磁磁场强度的梯形波

2. 按永磁体在转子上的位置不同分类

按永磁体在转子上的位置不同来分，永磁同步电机可以分为表面式和内置式两种。

（1）表面式永磁同步电机。

表面式永磁同步电机的磁路结构又分为凸出式和嵌入式。表面凸出式的转子永磁体磁极直接粘贴在转子铁芯表面,由于永磁体的磁导率与空气相近,所以这种磁路结构与电励磁同步电机的隐极式转子结构相似,但其气隙比电励磁同步电机的大得多,同步电抗的标准值比传统同步电机的标准值小得多,如图 2-3(a)所示。表面嵌入式的转子永磁体磁极置于转子表面的槽内,这种磁路结构与电励磁同步电机的凸极转子结构相似,但由于交轴气隙磁导大于直轴气隙磁导,所以其交轴同步电抗大于直轴同步电抗,与传统同步电机的凸极转子结构相反,如图 2-3(b)所示。

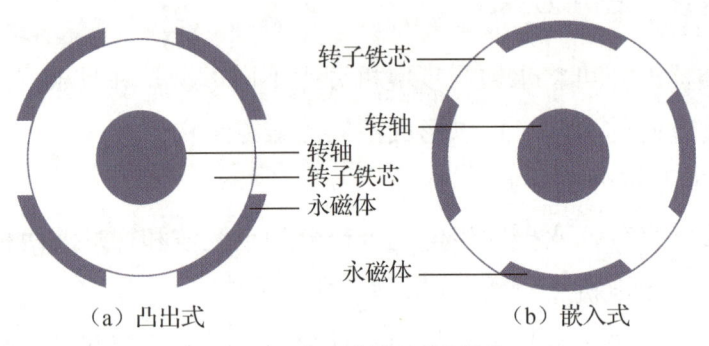

图 2-3 表面式转子磁路结构

总之,表面式转子磁路结构的制造工艺简单、成本低、应用较为广泛,尤其适用于矩形波永磁同步电机。但因转子表面无法安放起动绕组,无异步起动能力,所以不能用于异步起动永磁同步电机。

(2)内置式永磁同步电机。

内置式永磁同步电机的磁路结构是将转子永磁体磁极置于转子铁芯内部,永磁体外表面与定子铁芯内圆之间有铁磁物质制成的极靴,极靴中可以放置铸铝笼或铜条笼,起阻尼或启动作用,动态、稳态性能好,广泛用于要求有异步起动能力或动态性能高的永磁同步电机,如图 2-4 所示。内置式永磁同步电机的转子内的永磁体受到极靴的保护,其转子磁路结构的不对称性所产生的磁阻转矩也有助于提高电机的过载能力和功率密度,而且易于"弱磁"扩速。内置式永磁同步电机的加工和安装工艺复杂,漏磁大,但可以放置较多的永磁体以提高气隙磁密,减小电机的质量和体积。

按永磁体磁化方向与转子旋转方向的相互关系,内置式永磁同步电机的转子结构又可分为径向式、切向式和混合式三种。

2.2 永磁同步电机的结构及工作原理

2.2.1 永磁同步电机的结构

永磁同步电机与直流电机、交流感应电机一样,也是由定子、转子等部件构成的,如图 2-4 所示。

永磁同步电机拆装与检测 **项目 2**

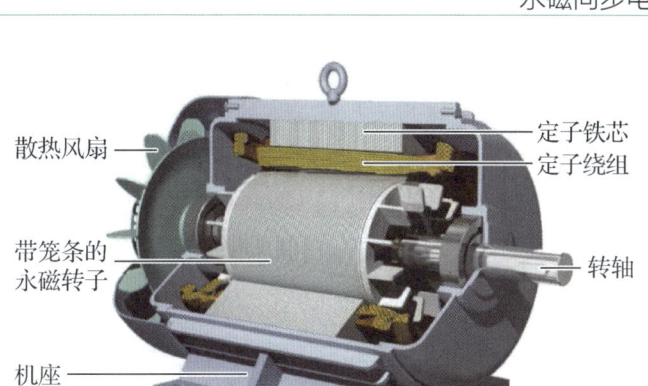

图 2-4 永磁同步电机的结构

一、定子

永磁同步电机的定子由导磁的定子铁芯和导电的定子绕组等部件构成。其他部件是指固定定子铁芯和定子绕组的一些部件，如机座等，如图 2-5 所示。

图 2-5 永磁同步电机定子结构

1. 定子铁芯

永磁同步电机的定子铁芯一般采用 0.5mm 硅钢冲片叠压而成。当定子铁芯外径大于 1mm 时，用扇形的硅钢片来拼成一个整圆。在叠装时，把每层的硅钢片按缝错开，以减少铁芯的涡流损耗。定子铁芯的内圆开有槽，槽内放置定子绕组，定子槽形一般都做成开口槽，便于嵌线，如图 2-6 所示。

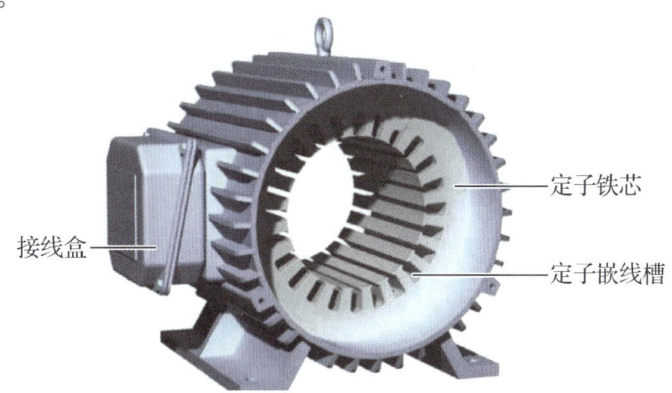

图 2-6 永磁同步电机定子铁芯结构

2. 定子绕组

永磁同步电机的定子绕组由许多线圈连接而成，每个线圈又由多股铜线绕制而成，放在槽子里的导体是靠槽楔来压紧固定的，其端部用支架固定，如图 2-7 所示。定子绕组与绕线式三相同步电机的定子绕组一样，通入交流电源即产生旋转磁场。

永磁同步电机的定子绕组普遍采用分布、短距绕组；对于极数较多的电机，则普遍采用分数槽绕组；若需要进一步改善电动势波形，则可以考虑采用正弦绕组或其他特殊绕组。

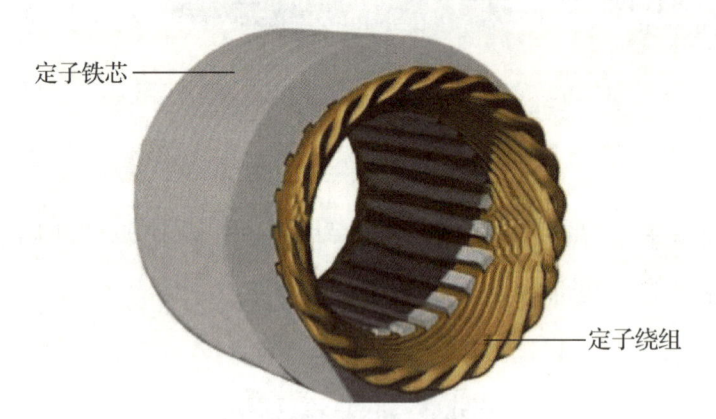

图 2-7 定子铁芯与定子绕组

二、转子

永磁同步电机与其他电机最大的不同是转子的结构，转子上安装有永磁体磁极。因此，永磁同步电机的转子主要由永磁体、转子铁芯和转轴等部件构成，如图 2-8 所示。

因为永磁同步电机基本都采用逆变器电源驱动，若用整体钢材则会产生涡流损耗，所以永磁体转子铁芯中，永磁体主要采用铁氧体永磁材料和钕铁硼永磁材料。转子铁芯可根据磁极结构的不同，选用实心钢或采用钢板或硅钢片冲制后叠压而成。

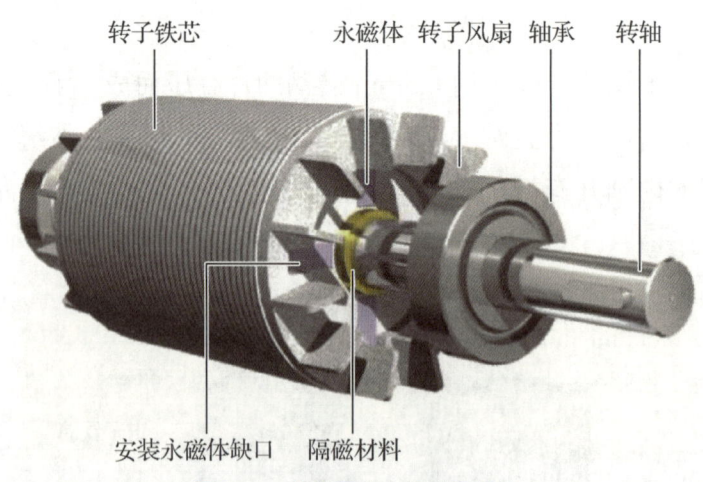

图 2-8 永磁同步电机转子结构

1. 表面凸出式永磁转子

表面凸出式永磁体磁极安装在转子铁芯圆周表面上，磁极的极性与磁通的走向如图 2-9

所示。根据磁阻最小原理，即磁通总沿磁阻最小的路径闭合，利用磁引力拉动转子旋转，于是永磁转子就会跟随定子产生的旋转磁场同步旋转。

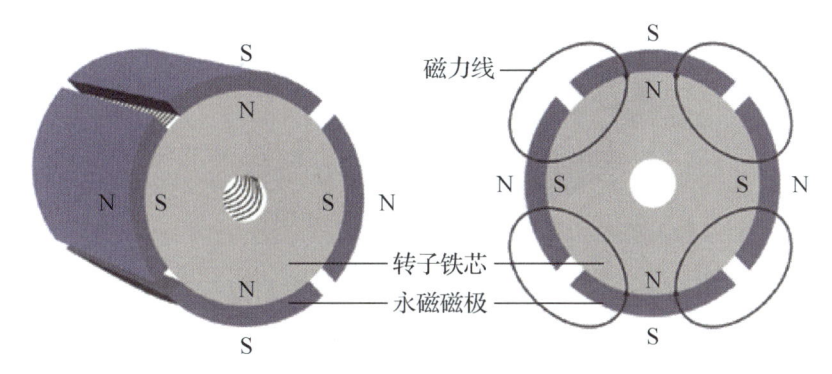

图 2-9　表面凸出式永磁转子

表面凸出式永磁转子具有结构简单、制造成本较低、转动惯量小等优点，在矩形波永磁同步电机和恒功率运行范围不宽的正弦波永磁同步电机中得到了广泛应用。此外，表面凸出式永磁转子中的永磁磁极易于实现最优设计，使其成为能使电机气隙磁密波形趋近于正弦波的形状，可显著提高电机乃至整个传动系统的性能。

2．表面嵌入式永磁转子

表面嵌入式永磁体磁极嵌装在转子铁芯表面，磁极的极性与磁通的走向如图 2-10 所示。

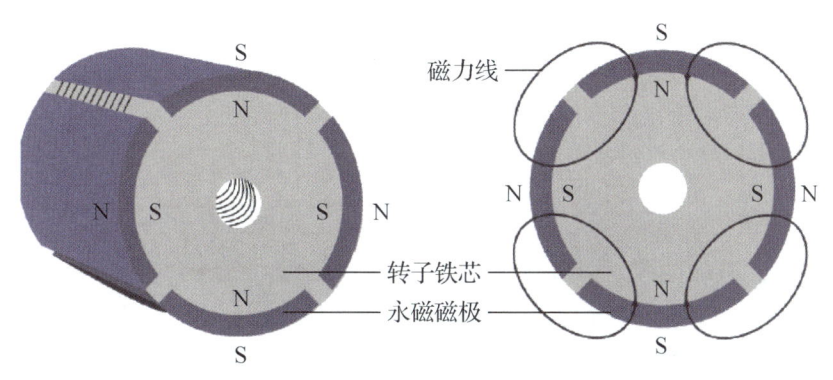

图 2-10　表面嵌入式永磁转子

表面嵌入式永磁转子可充分利用转子磁路不对称性所产生的磁阻转矩，提高电动机的功率密度，动态性能较表面凸出式永磁转子的动态性能有所改善，制造工艺也较简单，常被某些调速永磁同步电机采用，但漏磁系数和制造成本都较表面凸出式永磁转子结构的大。

表面凸出式永磁转子与表面嵌入式永磁转子的磁路结构中，永磁体通常呈瓦片形，并位于转子铁芯的外表面，永磁体提供磁通的方向为径向。

3．内置径向式永磁转子

内置径向式永磁转子开有安装永磁体的槽，并且为防止永磁体磁通短路，在转子铁芯的开槽上还开有隔磁空气槽，槽内也可填充隔磁材料，如图 2-11 所示。

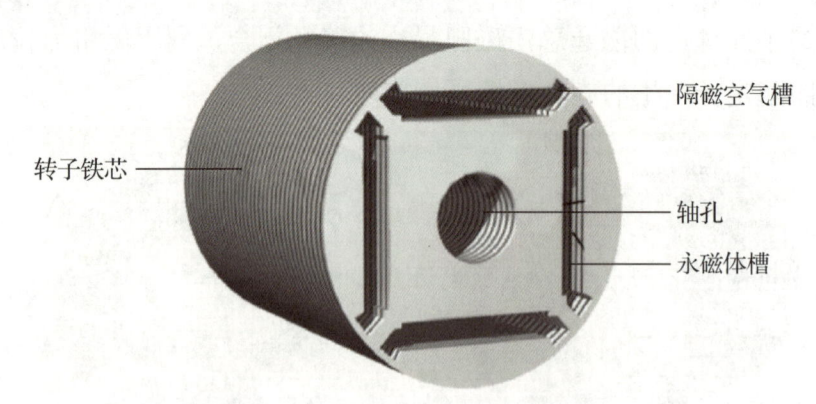

图 2-11　内置径向式永磁转子铁芯结构

内置径向式永磁转子的优点是漏磁系数小，转轴上不需要采取隔磁措施，极弧系数（在一个极距范围下实际气隙磁场分布情况的系数）易于控制，转子冲片机械强度高，安装永磁体后转子不易变形等。

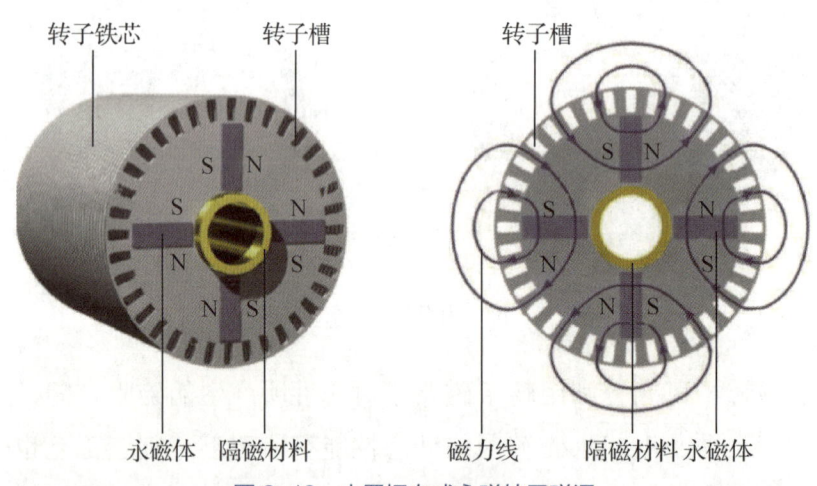

4．内置切向式永磁转子

内置切向式永磁转子铁芯叠片周围冲有许多安装导电条的槽（孔），用于安装笼型绕组。槽的形状可分为方形、圆形或类似普通转子的嵌线槽。为了防止永磁体的磁通通过转轴短路，在转轴与转子铁芯间加装有隔磁材料。

把永磁体插入内置切向式永磁转子铁芯的安装槽后，其磁极的极性与磁通的走向如图 2-12 所示。由图 2-12 可知这是一个 4 极转子。

图 2-12　内置切向式永磁转子磁通

内置切向式永磁转子有较大的惯性，漏磁系数较大，制造工艺和成本较内置径向式永磁转子的有所增加。其优点是一个极距下的磁通由相邻两个磁极并联提供，可得到更大的每极磁通。尤其当电机极数较多、径向式结构不能提供足够的每极磁通时，这种结构的优势就显得更为突出。此外，采用该结构的永磁同步电机的磁阻转矩可占到总电磁转矩的 40%，对提高电机的功率密度和扩展恒功率运行范围都是很有利的。

5. 内置混合式永磁转子

内置混合式永磁转子集中了内置径向式永磁转子和内置切向式永磁转子的优点，但结构和制造工艺都比较复杂，制造成本也比较高，因此不展开介绍。内置混合式永磁转子铁芯结构如图 2-13 所示。

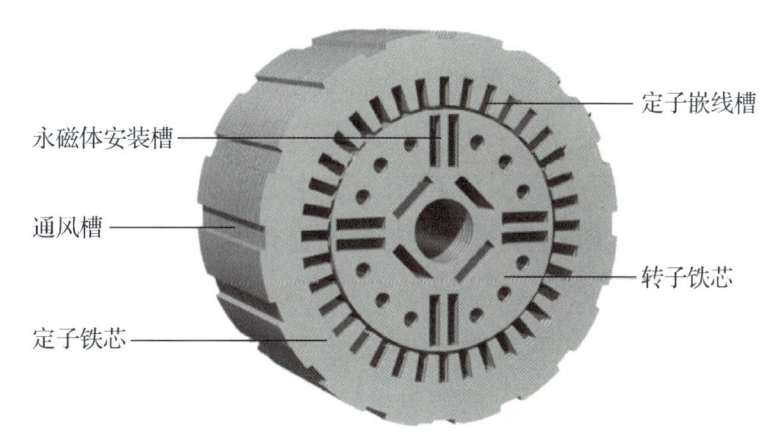

图 2-13　内置混合式永磁转子铁芯结构

内置混合式永磁转子的永磁体嵌装在转子铁芯内部，铁芯内开有安装永磁体的槽，在每种形式中又有采用多层永磁体进行组合的方式，一般大型电机中用的都是内置混合式永磁转子。

2.2.2　永磁同步电机的工作原理

在电机的定子绕组中通入三相电流，在通入电流后就会在电机的定子绕组中形成旋转磁场，由于在转子上安装了永磁体，永磁体的磁极是固定的，根据磁极的同性相斥、异性相吸的原理，在定子中产生的旋转磁场会带动转子进行旋转，最终达到转子的旋转速度与定子中产生的旋转磁极的转速相等，所以可以把永磁同步电机的启动过程看成是由异步启动阶段和牵入同步阶段组成的。在异步启动阶段中，电动机的转速是从零开始逐渐增大的，其主要原因是在异步转矩、永磁发电制动转矩、由转子磁路不对称而引起的磁阻转矩和单轴转矩等一系列的因素共同作用下而引起的，所以在这个过程中转速是振荡着上升的。在启动过程中，只有异步转矩是驱动性质的转矩，电机就是以该转矩来得以加速的，其他的转矩大部分以制动性质为主。在电机的速度由零增加到接近定子的磁场旋转转速时，在永磁体脉振转矩的影响下永磁同步电机的转速有可能超过同步转速，从而出现转速的超调现象。但经过一段时间的转速振荡后，最终在同步转矩的作用下被牵入同步。

2.3　永磁同步电机旋转变压器

与其他电机相比，永磁同步电机还必须装有转子位置传感器，用来检测磁极位置，并以此对电枢电流进行控制，达到对永磁同步电机驱动控制的目的。

转子位置传感器的种类较多，且各具特点。在永磁同步电机中常见的位置传感器有光电式位置传感器、霍尔位置传感器、磁阻式位置传感器和旋转变压器。

2.3.1 旋转变压器的工作原理

旋转变压器（简称旋变）的工作原理是利用机械式运动和磁通变化来产生电压信号。旋转变压器通常由转子、定子、隔磁罩和次级线圈等部分组成。当转子在磁场中旋转时，由于电磁感应原理，次级线圈会产生相应的电压信号。通过测量该信号，可以获取转子的位置、速度等信息。旋转变压器如图2-14所示。这种变压器的初、次绕组分别放置在定子、转子上。初、次绕组之间的电磁耦合程度与转子的转角有关，因此转子绕组的输出电压也与转子的转角有关。

旋转变压器可分为正余弦旋转变压器、线性旋转变压器和比例式旋转变压器，北汽EV160采用的是正余弦旋转变压器，主要用以检测电机转子位置，并将其检测结果传输给电机控制器，经解码可获知电机转速。

比亚迪秦装配的旋转变压器是一种输出电压随转子转角变化的信号元件。旋转变压器主要由旋变线圈、隔磁板、旋变信号线等部件组成，如图2-15所示。它主要用于检测电机的速度及位置，并将检测到的信息反馈给电机控制器，用以准确控制电机的转速和位置。

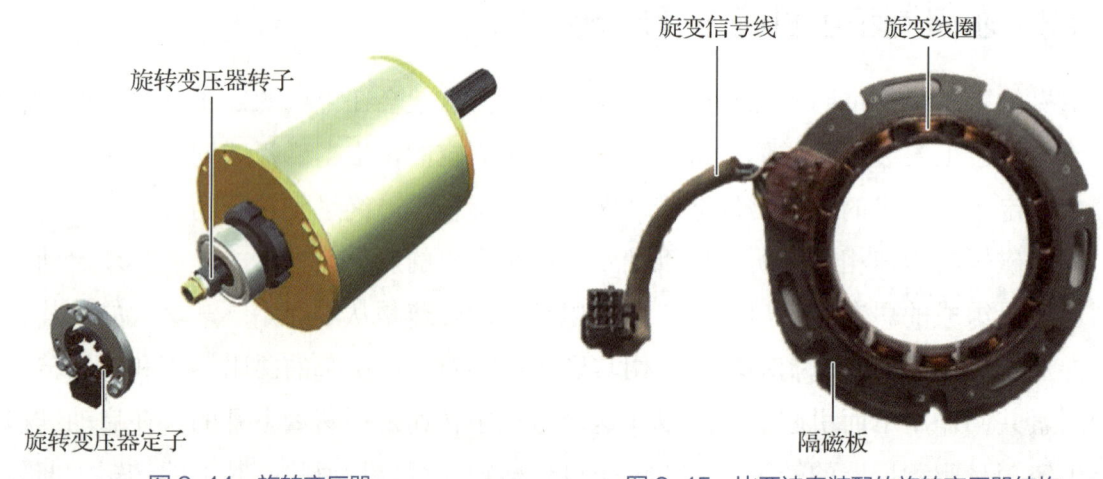

图2-14 旋转变压器

图2-15 比亚迪秦装配的旋转变压器结构

2.3.2 旋转变压器的作用

（1）在电机中，旋转变压器主要用于控制和调节电机的速度和电压。通过改变旋转变压器上的绕组和选通插头的连接方式，可以改变电机的输出电压和频率，从而实现电机的速度控制和运行方向的反转。

（2）电机上的旋转变压器还可以用于工业自动化控制系统中。通过将旋转变压器与PLC或其他控制系统结合使用，可以实现对生产过程中各种设备的电源电压控制和调节。

（3）电机上的旋转变压器可以测量位置、角度、速度、力矩等电气信号，实现闭环控制，旋转变压器输出绝对值模拟信号，具有适应恶劣环境的优点，可以替代单圈绝对值和增量式旋转光学编码器。

（4）可以检测到电机的转数，实现闭环控制。其工作原理是通过测量电机转子的位置和速度，将这些信息反馈给控制系统，控制系统根据反馈信息调整电机的控制信号，从而实现对电机的精确控制。

（5）旋转变压器能够按正弦、余弦、线性等函数关系将转角转换为电信号输出，用于自动控制系统中作为运算信号元件，可实现三角函数运算、坐标变换、精确测位、角度的数字转换或数据传输、移相等。

2.4 永磁同步电机拆装

2.4.1 比亚迪 e5 永磁同步电机的拆装步骤

内容	操作及数据记录	参考结果
一、准备		
① 穿好实训工作服，戴好工作手套；② 比亚迪 e5 永磁同步电机；③ 世达工具一套、笔记本和笔		
二、实训内容——比亚迪 e5 永磁同步电机的拆装		
拆分		
拆分工具准备	铁锤，一字螺丝刀，T8 扳手，T10 扳手，棘轮扳手，木方块（或铜棒），气枪，抹布	
拆分接线盒端盖	先使用 T10 扳手拧出 4 颗紧固螺钉，然后用木方块（或铜棒）与铁锤敲出接线盒端盖	

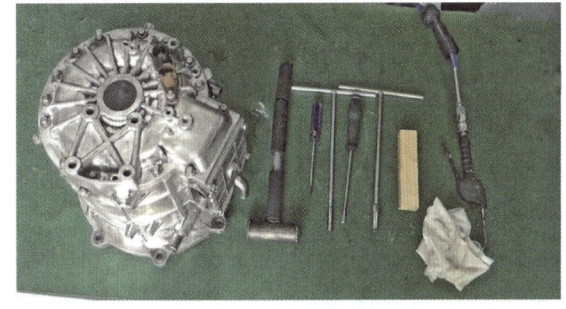

续表

内容	操作及数据记录	参考结果
拆分电机温度传感器和旋转变压器	使用 T8 扳手拆出电机温度传感器（黑色）和旋转变压器（棕色）	
拆分电机后端盖	先使用 T10 扳手交替拧出 15 颗端盖紧固螺钉，然后取下端盖。 注意：取下端盖时，可先借助铁锤或木方块（或铜棒）敲击端盖凸出部位，然后用一字螺丝刀撬起端盖，但不得损伤端盖	
拆分定子线圈三相端子	先使用 10mm 六角套筒棘轮扳手拧下线圈三相线紧固螺钉，然后使用 T8 扳手拆出线圈连接器上的 3 颗紧固螺钉	
拆分电机转子	使用电机转子拆装台拔出电子转子	

续表

内容	操作及数据记录	参考结果
拆分定子线圈	先使用T10扳手拧出3颗线圈紧固螺钉，然后放倒电机从壳体内抽出线圈	
检查整理	检查线圈各零部件，并清洁整理，以便于接下来的安装	
安装		
清洁	做好电机壳体、定子线圈和转子的清洁整理工作，为安装做准备	
安装定子线圈	将定子线圈装入电机壳体内。因线圈比较重，安装时防止损伤线圈绝缘漆面	
定子线圈固定	安装3颗定子线圈紧固螺钉，拧紧力矩为25N·m	

续表

内容	操作及数据记录	参考结果
安装转子	利用转子拆装台，小心地把转子放入电机定子线圈内部	
安装线圈三相连接器	安装线圈三相连接器，用T8扳手拧紧3颗紧固螺钉，拧紧力矩为10N·m	
安装三相线	安装三相线，注意位置不能调换。用T10扳手拧紧3颗紧固螺钉，拧紧力矩为12N·m	
安装旋转变压器	对准旋转变压器插头位置，用3颗紧固螺钉固定，用T8扳手拧紧，拧紧力矩为10N·m	
安装后端盖	先清理干净后端盖上旧的密封胶，涂抹上新的密封胶，拧上端盖紧固螺钉，然后用T10扳手拧紧，拧紧力矩为25N·m	

续表

内容	操作及数据记录	参考结果
安装温度传感器和旋转变压器的对接插座	安装温度传感器和旋转变压器的对接插座，螺钉拧紧力矩为10N·m。安装时注意密封性	
安装接线盒密封盖	清理干净端盖上的密封胶后，涂抹上新的密封胶，拧上4颗紧固螺钉，用T10扳手拧紧，拧紧力矩为10N·m	
清洁整理	安装完毕后做好清洁整理、工具复位工作	

2.4.2 工业永磁同步电机的拆装步骤

内容	操作及数据记录	参考结果
一、准备		
① 穿好实训工作服，戴好工作手套；② 永磁同步电机（工业电机）；③ 世达工具一套、笔记本和笔		
二、实训内容——永磁同步电机（工业电机）的拆装		
拆分		
拆分电机位置传感器	使用十字螺丝刀，拆卸电机位置传感器防尘罩固定螺栓，取下防尘罩	

037

续表

内容	操作及数据记录	参考结果
拆分电机位置传感器	使用十字螺丝刀，拆卸电机位置传感器固定螺栓和传感器线束固定螺栓，取下电机位置传感器	
拆分电机前端盖	① 使用 5mm 六角套筒棘轮扳手按照对角线顺序拆卸电机前端盖固定螺栓。 ② 使用记号笔标注前端盖安装位置	
	使用橡胶锤轻击电机前端盖，至其松动后取下电机前端盖	
拆分电机后端盖及转子轴	抽出电机转子轴	
	使用 10mm 六角套筒棘轮扳手按照对角线顺序拆卸电机后端盖固定螺栓	

永磁同步电机拆装与检测 项目 2

续表

内容	操作及数据记录	参考结果
拆分电机后端盖及转子轴	使用记号笔标注后端盖安装位置	
	使用橡胶锤轻击电机后端盖，至其松动后取下电机后端盖	
取出交流永磁同步电机转子	① 使用转子拆卸专用工具取出交流永磁同步电机转子，注意取出时应当确保转子内部的永磁体不掉落，不受到外力冲撞以免永磁体碎裂。 ② 取出交流永磁同步电机转子后需检查转子主轴前、后侧两个轴承工作情况，若轴承损坏则可以使用拉马工具拉拔出轴承，并更换	
安装		
安装电机后端盖及转子轴	① 安装电机后端盖，并校准安装位置。 ② 使用橡胶锤轻击后端盖端面，使其置于正确位置	
	① 使用 10mm 六角套筒棘轮扳手按照对角线顺序安装电机后端盖固定螺栓。 ② 使用定扭扳手按照对角线顺序紧固至 25N·m。 ③ 放入电机转子轴，使用橡胶锤轻击转子轴，使其置于正确位置	

039

续表

内容	操作及数据记录	参考结果
安装电机前端盖	① 安装电机前端盖，并校对安装位置。 ② 使用橡胶锤轻击后端盖端面，使其置于正确位置	
	① 使用5mm六角套筒棘轮扳手，安装电机前端盖固定螺栓。 ② 使用定扭扳手按照对角线顺序紧固至25N·m	
安装电机位置传感器	安装电机位置传感器至正确位置，使用十字螺丝刀安装电机位置传感器固定螺栓	
	安装电机位置传感器防尘罩，使用十字螺丝刀安装防尘器固定螺栓	

三、整理场地

① 检查永磁同步电机，确认所有部件都安装正确。
② 按照7S管理标准，整理工具、场地和设备

2.5 驱动电机检测

2.5.1 比亚迪 e5 永磁同步电机的检测步骤

纯电动汽车驱动电机检修可以分为就车检测和解体检测，一般就车检测前需要对驱动电机进行基本检查。

一、基本检查

（1）目视检查驱动电机表面有无锈蚀、碰伤、划痕，涂覆层是否剥落，紧固件连接是否牢固。

（2）目视检查旋转变压器接插器及温度传感器接插器有无破损，引脚有无弯曲变形。

（3）目视检查驱动电机进出水管有无锈蚀、碰伤、变形等异常现象。

（4）转动翻转台架，目视查找驱动电机总成标识上的工作电压、最大功率、最高转速、防护等级、绝缘等级、型号、最大转矩等信息。

二、就车检测

驱动电机就车检测前先安装车内防护三件套，拉起前机舱盖手柄，打开前机舱盖，安装车外防护三件套。就车检测一般包括诊断仪检测、绝缘检测和传感器检测三部分。

1. 诊断仪检测

使用比亚迪 VDS2000 专用诊断仪套件对驱动电机进行检测。先连接诊断仪相关线束及 VCDI 无线诊断接口，打开诊断仪电源开关，进入比亚迪 e5 诊断系统。等待车辆通信完成以后，点击高压电控总成，进入模块数据读取页面，读取高压电控总成故障码。记录后消除故障码，然后重新读取故障码和相关数据流，判断驱动电机状态。

2. 传感器检测

传感器检测需要使用考训盒，因此检测前需要安装好考训盒。这里传感器检测主要包括三部分：安装考训盒、温度传感器和旋转变压器检测、拆卸智能考训盒。

（1）安装考训盒。

断开低压蓄电池负极线缆，分别拆卸高压控制总成 64PIN 线束接插器和 32PIN 线束接插器，并安装智能考训盒 64PIN 线束接插器和智能考训盒 32PIN 线束接插器。安装蓄电池负极电缆和智能考训盒电源线，随后打开电源开关即可。

（2）温度传感器和旋转变压器检测。

① 使用红黑表笔检查电机温度传感器信号电压是否正常。温度传感器信号电压范围为 0.5～5V。

② 关闭车辆电源开关。

③ 选用万用表电阻挡，连接红黑表笔，检查驱动电机励磁线圈电阻值是否正常，正常值

应在（7±2）Ω 范围内。

④ 连接红黑表笔，检查驱动电机正弦线圈电阻值是否正常，正常值应在（15±2）Ω 范围内。

⑤ 连接红黑表笔，检查驱动电机余弦线圈电阻值是否正常，正常值应在（15±2）Ω 范围内。

⑥ 连接红黑表笔，检查驱动电机温度传感器电阻值是否正常，正常值应在 1～10Ω 范围内随温度变化而变化。

⑦ 选用示波器电压挡，连接红黑表笔，检测正弦绕组的波形及余弦绕组的波形，调试波形位置与单位。

（3）拆卸智能考训盒。

关闭适配器电源开关，并断开低压蓄电池负极电缆，拆卸智能考训盒车辆电源线束及电池正负极线束夹。分别拆卸智能考训盒 32PIN 线束接插器和 64PIN 线束接插器，并安装高压电控总成 32PIN 线束接插器和 64PIN 线束接插器。装回低压蓄电池负极电缆接插器。

三、解体检测

驱动电机解体检测主要包括三部分内容，分别是驱动电机三相绕组检测、绝缘检测及温度传感器检测。

1. 驱动电机三相绕组检测

① 选用数字电桥或万用表，并打开电源开关。

② 将数字电桥或万用表挡位切换至电阻挡，连接驱动电机 U 相和 V 相端子，测试 UV 相绕组的串联电阻值，待数值稳定后记录电阻值。

③ 将数字电桥挡切换至电感挡，连接驱动电机 U 相和 V 相端子，测试 U、V 相绕组的串联电感值，待数值稳定后记录电感值。

④ 以同样方法测量 U、W 相绕组的串联电阻值和电感值，以及 V、W 相绕组的串联电阻值和电感值。

⑤ 对比三组数据的均衡情况，通常工况下，三相绕组电阻值和电感值不均衡性应不大于 5%。

2. 绝缘检测

① 拆下驱动电机后端盖，确保驱动电机三相绕组 U、V、W 相连接正常。

② 选用电子兆欧表，调整挡位至 1000V 测试挡，将红色表笔连接驱动电机 U 相高压输入端子，黑色表笔连接驱动电机壳体，打开测试按钮开始测试，等待数值稳定后记录数值，一般绝缘电阻值应≥20MΩ。以同样的方法检测动力电池 V 相和 W 相高压输入端子绝缘值。

3. 温度传感器检测

将万用表红黑表笔分别连接至驱动电机温度传感器线束接插器的 1 号和 4 号引脚，测量驱动电机温度传感器电阻值。若测量值与标准值不符，则说明驱动电机温度传感器存在故障，需要维修或更换新的温度传感器。

2.5.2 永磁同步电机（工业电机）的检测步骤

一、永磁同步电机的绝缘检测

（1）检测 U 相绕组绝缘值。

① 将电子兆欧表正极测试端连接电机三相绕组 U 相端子，负极连接电机壳体，如图 2-16 所示。

② 打开电子兆欧表电源开关，将电子兆欧表挡位调节至 1000V 挡。

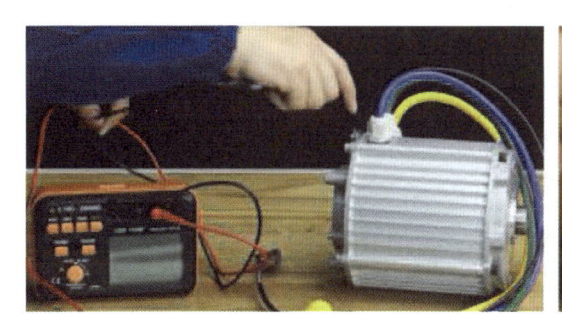

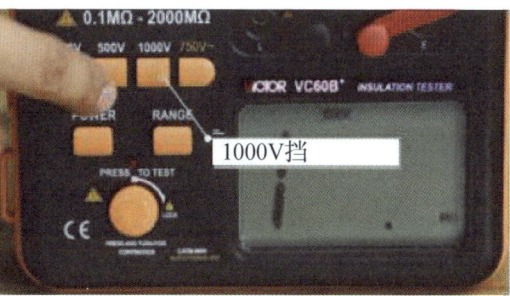

图 2-16　连接电子兆欧表

③ 打开测试开关，等待绝缘数值稳定后即完成检测，查看并记录电子兆欧表显示器 U 相绕组。

④ 检测完毕后，关闭测试开关，取下正负极测试端子，使用放电电阻连接 U 相端子与电机壳体，进行放电操作，如图 2-17 所示。

（2）重复上述步骤对 V 相和 W 相进行绝缘值检测。

图 2-17　放电操作

二、永磁同步电机电阻、电感检测

（1）检测 U 相绕组电阻值、电感值。

① 打开数字电桥电源开关，连接数字电桥正负极测试端子至电机 U 相端子与 V 相端子，如图 2-18 所示。

图 2-18 连接数字电桥

② 将数字电桥挡位调节至电阻挡，待数值稳定后记录 U 相绕组电阻值。

③ 将数字电桥挡位调节至电感挡，待数值稳定后记录 U 相绕组电感值。

④ 取下正负极测试端子。

⑤ 检测完毕后，将测试值与标准数值相比较，若数值相差较大，则说明电机 U 相绕组存在故障。

（2）重复上述步骤，分别检测 V 相和 W 相的电阻值、电感值。

三、永磁同步电机耐压检测

（1）检测 U 相绕组耐压值。

① 穿戴高压绝缘手套，打开耐压测试仪电源开关，确保调压旋钮处于最小位置。

② 连接耐压测试仪负极至电机壳体，如图 2-19 所示。

③ 连接耐压测试仪输出端子至 U 相端子。

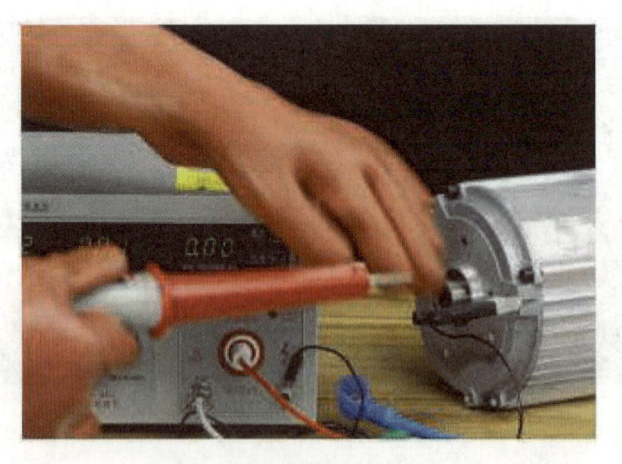

图 2-19 连接耐压测试仪

④ 按下测试按钮，开始耐压测试。

⑤ 缓慢转动调压旋钮，逐步调高测试电压值，直至测试仪中超漏灯亮起，如图 2-20 所示，记录此时的电压值，它就是 U 相绕组的最高耐压值。

⑥ 将调压旋钮转动至最小位置，取下耐压测试仪负极端子，将放电电阻一端连接至 U 相端子，另一端连接至电机壳体，执行放电操作，如图 2-21 所示。

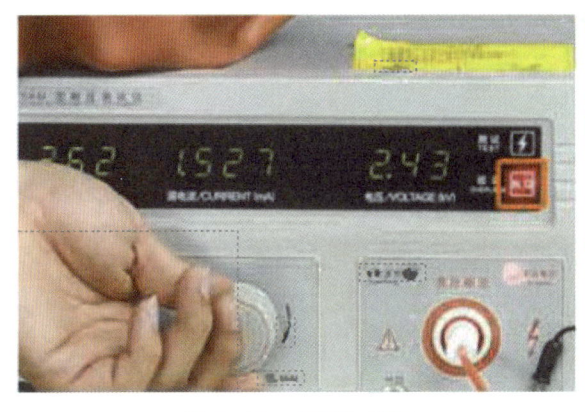

图 2-20　超漏灯位置　　　　　　　　图 2-21　放电操作

⑦ 取下放电电阻。
（2）采用相同的方法对 V 相和 W 相绕组分别进行耐压值测试。

四、永磁同步电机脉冲测试

（1）检测 U 相绕组脉冲波形。
① 开启脉冲测试仪电源开关。
② 连接脉冲测试仪正极测试端子至 U 相端子，负极端子至 V 相端子，如图 2-22 所示。
③ 按下标准采样按键，按下手动采样按键进入采样页面，如图 2-23 所示。

图 2-22　连接脉冲测试仪　　　　　　图 2-23　手动采样位置

④ 按下开始按键进行脉冲波形采样。
⑤ 按下采样完成按键记录采样波形。
⑥ 待采样完成后，按下 START 按键开始测试。
⑦ 验证采样波形是否记录成功，仪表比较功能是否可用。
⑧ 待测试完成后，观察 U 相励磁绕组脉冲波形，判断 U 相绕组是否存在故障。

⑨ 取下正负极测试端子。

(2) 重复上述步骤，分别检测 V 相和 W 相的脉冲波形。

工作任务

内容	操作
一、准备	
开始作业前，准备好驱动电机减速器台架（以比亚迪 e5 驱动电机为例）及其相关技术资料。工具箱和防护用品柜内需要有足够的专用维修工具和各类防护用具	1. 劳动保护 ① 穿好实训工作服。 ② 穿好劳保鞋。 ③ 检查并佩戴工作手套。 ④ 检查专用维修工具和各类防护用具。 2. 安全防护 ① 检查并确认台架牢固无松动。 ② 检查确保减速器在工位上无松动摇晃情况
二、实训内容	
1. 学生工作	① 在各自工位分组学习。 ② 在充分学习本项目相关知识的基础上，通过查阅相关技术资料和观察比亚迪 e5 驱动电机外观，完成技能学习工单（见本书配套教学资源）。 ③ 7S（整理、整顿、清洁、清扫、素养、安全、节约）管理工作。 ④ 自我评价
2. 指导教师工作	学生在进行上述操作过程中，指导教师应进行下列工作。 ① 向学生讲解安全注意事项，并要求学生在技能学习工单中做记录。 ② 观察、指导学生进行相关操作，及时制止可能发生危险的操作。 ③ 实操结束后审阅学生完成的技能学习工单，并结合其操作情况给出评价

总目标：在学习理论知识的基础上，通过任务实施动手实践，掌握比亚迪 e5 驱动电机检测的步骤

操作练习

内容	操作及数据记录	参考结果
一、准备		
① 穿好实训工作服，戴好工作手套；② 比亚迪 e5 整车；③ 世达工具一套、笔记本和笔		
二、实训内容——比亚迪 e5 驱动电机检测		

续表

内容	操作及数据记录	参考结果
检测前准备	断开蓄电池负极电缆，用绝缘胶布将负极电缆包住	
	拆卸车辆高压维修开关，等待5min以上再进行下一步操作	
断开永磁同步电机三相电输入母线	用棘轮扳手拧下永磁同步电机输入母线接线盒盖板上的4颗紧固螺钉	
	用棘轮扳手拧下永磁同步电机输入母线接线端子的3颗紧固螺钉	
	用棘轮扳手拧下永磁同步电机输入母线接线盒外面的两颗紧固螺钉，并拔出三相电输入母线	

047

续表

内容	操作及数据记录	参考结果
测量 A、B、C 三相之间的阻值	用万用表电阻挡测量驱动电机 A、B 相之间的阻值；测量结果显示为 0	
	用万用表电阻挡测量驱动电机 B、C 相之间的阻值；测量结果显示为 0	
	用万用表电阻挡测量驱动电机 A、C 相之间的阻值；测量结果显示为 0	
测量 A、B、C 三相对车身的绝缘值	使用绝缘测试仪测量 A 相对车身的绝缘值，显示为 106MΩ	
	使用绝缘测试仪测量 B 相对车身的绝缘值，显示为 105MΩ	

内容	操作及数据记录	参考结果
测量 A、B、C 三相对车身的绝缘值	使用绝缘测试仪测量 C 相对车身的绝缘值，显示为 106MΩ；三相绝缘值均大于 32.5MΩ，表示正常	

三、整理场地

① 取下车内车外三件套。
② 启动车辆，检查车辆情况。
③ 按照 7S 管理标准，整理工具、场地和设备

习 题

一、判断题

1．纯电动汽车的驱动电机有电动机和发电机双重功能。（　　）

2．当车辆启动时，驱动电机将机械能转化为电能。（　　）

3．当车辆减速或制动时，驱动电机发出三相交流电，通过电机控制器整流、滤波后给动力电池补充电能。（　　）

4．2018 款比亚迪 e5 驱动电机采用的是交流无刷永磁同步电机。（　　）

5．2018 款比亚迪 e5 驱动电机上只有检测冷却液温度的温度传感器。（　　）

6．永磁同步电机的转子通电形成磁场。（　　）

二、选择题

1．2018 款比亚迪 e5 驱动电机的（　　）有进出水管和冷却水道。【单选题】

A．定子　　　　B．转子　　　　C．壳体　　　　D．端盖

2．2018 款比亚迪 e5 驱动电机上有（　　）个温度传感器。【单选题】

A．1　　　　　B．2　　　　　C．3　　　　　D．4

3．永磁同步电机是以（　　）为媒介进行机械能和电能相互转换的电磁装置。【单选题】

A．磁场　　　　B．电流　　　　C．励磁　　　　D．电阻

三、简答题

1．请简述永磁同步电机的工作原理。

2．请说出驱动电机的发电原理。

任务评价

请根据自己任务完成情况，对自己的工作进行评估、总结。

评分内容		自评	互评	教师评	总分
遵守安全规范操作（10分）					
遵守课堂纪律（10分）					
学生面貌（10分）					
课堂氛围（10分）					
团队合作（10分）					
熟悉永磁同步电机结构（15分）					
技能操作	掌握万用表的使用方法（5分）				
	能够检测电机相间阻值（5分）				
	能够检测电机每相绝缘值（5分）				
过程与方法（10分）					
完成本任务工作页（10分）					

项目 3

驱动电机减速器拆装与检测

情境引入

小王在新能源汽车某 4S 店工作，今天接了一辆比亚迪 e5 纯电动汽车，该车在行驶中伴随不同车速，从底盘前部传来异响声，师傅告诉小王需要检查减速器，你知道什么是纯电动汽车的减速器吗？

任务目标

素质目标

1. 培养安全意识，严格遵守操作规程，确保工作过程的安全性。
2. 养成严谨、细致的工作态度，对待每个操作环节都高度负责。
3. 提升团队协作精神，与团队成员密切配合，提高工作效率。
4. 培养自主学习能力，不断提升自身专业素养。

知识目标

1. 掌握新能源汽车驱动电机减速器的工作原理、结构特点。
2. 了解驱动电机减速器的拆装流程及注意事项。
3. 熟悉相关检测设备和工具的使用方法。
4. 掌握驱动电机减速器的性能参数及检测标准。

新能源汽车驱动电机构造与检修

> **技能目标**
> 1. 熟练进行驱动电机减速器的拆装操作,确保操作规范、准确。
> 2. 能够正确使用检测设备,对驱动电机减速器进行全面检测。
> 3. 根据检测结果,准确判断驱动电机减速器的工作状态。
> 4. 能够处理拆装与检测过程中出现的常见问题。
> 5. 完成工作后,能准确填写相关记录和报告。

思考与成长

安全生产:指在生产经营活动中,通过采取一系列措施,有效地预防和减少事故的发生,保障人员的生命安全与健康,保护设备和设施不受损坏,保证生产经营活动能够顺利进行。

安全生产具有极其重要的意义。对于企业来说,它有助于降低生产成本,提高生产效率,增强企业的竞争力和可持续发展能力。对于员工来说,能保障其生命安全和身体健康,维护家庭的幸福和稳定。对于社会来说,安全生产能够促进经济的平稳发展,维护社会的和谐与稳定。

知识解析

3.1 纯电动汽车减速器概述

传统燃油车与纯电动汽车的动力源不同,因而传统燃油车与纯电动汽车的传动系统也不同。传统燃油车的动力源是发动机,其合理的转速区间较窄,需要用到变速器来扩大驱动扭矩和转速的变化范围,所以传统燃油车的传动系统借助离合器、变速器及减速器总成等部件将动力通过传动轴传递至驱动车轮带动车辆行驶。纯电动汽车的动力源是驱动电机,它具有很宽的合理转速范围(在低速时能够输出较大扭矩,高速时能够输出恒功率)且自身具有变速属性,所以纯电动汽车驱动电机产生的驱动力直接传递给减速器总成,如图 3-1 所示。利用减速器总成减速、增大扭矩后通过传动轴传递给驱动车轮,带动车辆行驶。减速器总成作为纯电动汽车的主要传动装置,有着特定的功能和意义。

图 3-1 驱动电机减速器总成

3.1.1 减速器总成的工作原理

减速器总成是一种把较高的转速转变为较低的转速，增大扭矩的装置。新能源汽车在工作过程中，驱动电机产生的驱动力先传递至减速器总成输入轴的主动齿轮，经过一级或两级减速、增大扭矩后传递给差速器进行动力分配，再通过两侧驱动半轴将动力传递给车辆驱动轮，驱动车辆行驶。减速器总成内部的轮系减速机构中，主动齿轮与从动齿轮啮合，主动齿轮的齿数少于从动齿轮的齿数，因为减速器的转速比与主从动齿轮的齿数比成反比，所以动力源（如驱动电机）的高速运动通过减速器的输入轴的主动齿轮传动到输出轴的输出齿轮低速运动，从而达到减速的目的，如图3-2所示。

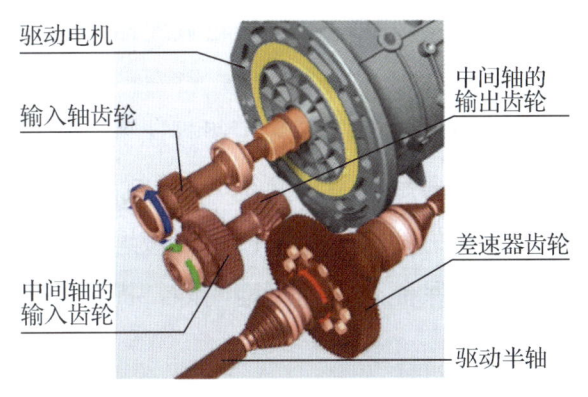

图3-2 减速器工作原理图

3.1.2 减速器的作用

减速器一般用于低速、大扭矩的传动设备。电机、燃油或其他高速运转的动力通过减速器输入轴齿轮传动到输出轴齿轮上。减速器总成的作用主要体现在以下两个方面。

一方面是将驱动电机的输出转速降低、扭矩增大，并传递给汽车驱动轴，以实现整车对驱动系统的扭矩、转速需求，带动车辆行驶。

另一方面是通过齿轮改变转矩的传递方向，通过差速器实现两侧车轮转速差，保证内、外侧车轮以不同转速滚动而非滑动。

3.1.3 减速器的特性

蜗轮减速器的主要特点是具有反向自锁功能，可以有较大的减速比，输入轴和输出轴不在同一轴线或平面上，但一般体积庞大、传动效率低、精度低。

谐波齿轮减速器是谐波发生器利用柔性元件的可控弹性变形来传递运动和动力的，其体积小、精度高。但与金属零件相比，存在柔性轮寿命有限、无抗冲击性能、刚性差的缺点。其输入速度不能太高。该谐波齿轮减速器结构紧凑、回程间隙小、精度高、使用寿命长、额定输出扭矩大，但是价格稍微贵一点。

谐波齿轮减速器具有体积小、传递扭矩大的特点。谐波齿轮减速器是在模块化组合系统的基础上设计制造的。电机组合、安装形式和结构方案众多，传动比分类精细，可满足不同的使用条件。谐波齿轮减速器实现了机电一体化，传动效率高、能耗低、性能优越。

摆线针轮减速器是一种采用摆线针行星轮啮合传动原理的传动模型，它是一种理想的传动装置，具有许多优点，应用广泛，可正反操作。

3.1.4 减速器的分类

减速器是一种相对精密的机械。它能在原动机和工作机或执行机构之间匹配转速和传递扭矩，使用它的目的是降低速度、增加扭矩。它的种类很多，不同的种类有不同的用途。

1. 根据传动类型分

根据传动类型，减速器可分为齿轮减速器、蜗轮减速器、谐波齿轮减速器。

2. 根据传动级数分

根据传动级数，减速器可分为单级减速器和多级减速器。单级减速器结构简单，质量和体积小，传动效率高，其动力性能满足小型观光车、中型以下货车及轿车的要求。这种减速器可以采用直齿轮传动，也可以采用斜齿轮传动；多级减速器采用多组齿轮降速传动，既保证足够的动力又减小其外廓尺寸，保证足够的离地间隙，提高汽车的通过性。目前，纯电动汽车多采用二级减速器。

3. 根据齿轮形状分

根据齿轮形状，减速器可分为直齿圆柱齿轮减速器、斜齿圆柱齿轮减速器。直齿圆柱齿轮减速器总成的传动平稳性差，冲击噪声大、体积较大，所以其安装需要足够的空间，尤其是多级减速装置，一般适用于底盘空间较大的商用车。斜齿圆柱齿轮减速器总成传动轴空间度更大、齿轮啮合度大，啮合齿数多，可以减少冲击和噪声，使传动更加平稳可靠，并能承受高速过载，所以其应用比较广，乘用车、商用车减速器总成都可以用。同时，确保安全可靠，斜齿圆柱齿轮减速器总成要基于精确的制造、精湛的表面处理和精艺的齿轮修改，所以其对制造工艺要求较高。目前在新能源汽车市场，某些减速器内部齿轮有直齿和斜齿的组合结构。

4. 根据传动布置分

根据传动布置，减速器可分为膨胀减速器、分流减速器和同轴减速器。

3.2 减速器的结构

3.2.1 减速器的组成及作用

与传统燃油车不同，纯电动汽车的电机初始化扭矩大，从启动开始就能全扭矩输出，没有怠速问题困扰。同时，纯电动汽车在不同转速下电能转化为机械能的效率区别并不大，电机噪声也远低于传统燃油车发动机的电机噪声。目前，纯电动汽车大多采用固定传动比的两级减速器，从功能上来看，其主要由具有减速、增大扭矩功能的齿轮减速机构和能实现两侧车轮差速作用的差速器总成组成，其具体由箱体（左、右箱体）、齿轮减速机构、差速器组件等组成，如图 3-3 所示。

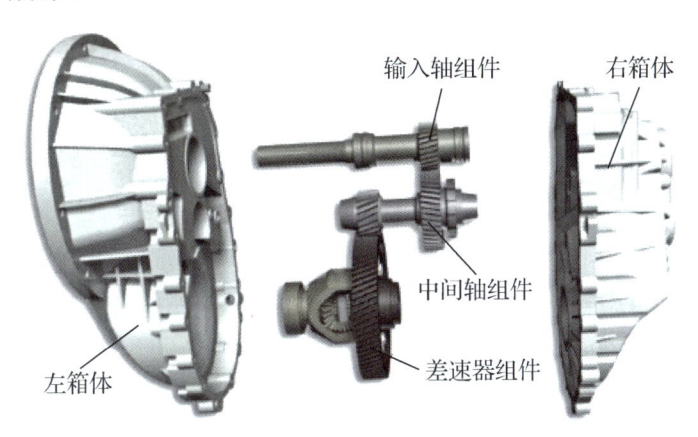

图 3-3 减速器的组成

一、箱体

箱体是减速器总成的重要组成部分，它是减速器总成内部齿轮减速机构和差速器等传动部件的安装基础，是传动零件的基座，可以支承和固定轴系部件，保证传动零件的正确相对位置并承受作用在减速器上负荷的重要零件。箱体一般还兼作润滑油的油箱，具有良好的密封作用。为了保证减速器总成的正常工作，要确保箱体内有合适液面高度的润滑油，且要确保润滑油品质良好。

1. 箱体要求

为了充分保护内部的组件，减速器总成箱体应具有足够的强度和刚度，所以对减速器总成箱体材质有较高的要求。一般情况下，为了满足箱体的使用要求，减速器箱体可采用灰铸铁制造，灰铸铁具有很好的铸造性和减震性。对于重载或有冲击载荷的减速器也可以采用铸钢箱体。为了便于轴系部件的安装和拆卸，箱体制成沿轴心线水平剖分式。左、右箱体用螺栓连接成一体。轴承座的连接螺栓应尽量靠近轴承孔，而轴承座旁的凸台应具有足够的承托面，以便放置连接螺栓，并保证旋紧螺栓时需要的扳手空间。为保证箱体具有足够的刚度，在轴承孔附近加支撑肋。

2. 箱体结构

为了满足其使用要求，减速器总成箱体上还设有检查孔、通气孔、轴承座孔、定位销、油位指示器和放油螺孔。

二、齿轮减速机构

齿轮减速机构也称为齿轮减速装置，是齿轮、轴及轴承的组合体。齿轮减速机构可以将驱动电机的动力通过啮合齿轮进行变速及动力传递。

1. 作用

实现减速传动：主动轴的转速不变时，利用齿轮传动降低从动轴转速，这种传动称为减速传动。

2. 要求

从齿轮与轴承使用性能来看，要求齿轮材料具有高弯曲疲劳强度和接触疲劳强度，齿面有足够的硬度和耐磨性，零件芯部具有良好的强度和韧性。按照动力传递要求，减速器总成内部有直齿轮和斜齿轮。主动齿轮一般为斜齿轮，这种带斜齿轮的轴安装位置更自由、工作噪声低、结构紧凑、占用空间小。

3. 齿轮减速机构组成

目前，纯电动汽车的齿轮减速机构可以实现二级减速，其主要组成有输入轴组件、中间轴组件和差速器齿轮组件，如图 3-4 所示。

图 3-4 齿轮减速机构

（1）输入轴组件。

输入轴组件是一种齿轮、齿轮轴及轴承组合并制成一体的齿轮轴，这种结构采用常啮合的齿轮机构的齿轮传递。常见的输入轴组件主要有输入轴、一级减速主动齿轮等，如图 3-5 所示。

图 3-5 输入轴组件

（2）中间轴组件。

中间轴组件主要由一级减速从动齿轮和二级减速主动齿轮构成，如图 3-6 所示。输入轴的一级减速主动齿轮与中间轴的一级减速从动齿轮啮合，进行一级减速。

图 3-6　中间轴组件

（3）差速器齿轮组件。

差速器齿轮组件位于差速器上，与减速机构有关的部件主要为差速器齿轮，即二级减速从动齿轮，为斜齿轮，并固定在壳体上，如图 3-7 所示。中间轴的二级减速主动齿轮与差速器的二级减速从动齿轮啮合，并进行二级减速。

图 3-7　差速器齿轮组件

4．差速器

差速器由外壳、行星齿轮轴、2 个行星齿轮、2 个半轴齿轮和二级减速从动齿轮构成，差速器的功用是将二级减速从动齿轮的动力传递给左、右两个半轴，并允许左、右两个半轴以不同的转速旋转，使左、右驱动轮相对地面滚动而不是滑动，从而实现车辆转弯时的差速作用。

3.2.2　比亚迪 e5 减速器结构

比亚迪 e5 减速器采用 BYD5T-09 的变速箱与驱动电机相连接，安装于汽车的前机舱内，配备的是单挡无级变速器，其主要技术参数如表 3-1 所示。

表 3-1 比亚迪 e5 减速器的主要技术参数

项目	参数	单位
传动比	9.266	—
输入最大功率	160	kW
输入转速	0～12000	r/min
最大输入转矩	310	N·m
输入/输出轴连线与水平面夹角	8.073	°
变速箱润滑油量	1.85～1.95	L
变速箱润滑油类型	SAE75W-90	—

比亚迪 e5 采用的是单挡无级变速器，依靠两级斜齿轮副来实现减速、增大扭矩。比亚迪 e5 减速器外部结构如图 3-8 所示。减速器结构按照功能作用和位置分为输入轴组件、中间轴组件、输出轴（差速器）组件及前、后箱体五大组件。动力由电机输入，先经过一级减速器齿轮减速将动力传至主减速器，再由差速器将动力经传动轴分配至两侧车轮。比亚迪 e5 减速器内部结构主要部件如图 3-9 所示。

图 3-8 比亚迪 e5 减速器外部结构

图 3-9 比亚迪 e5 减速器内部结构主要部件

比亚迪 e5 驱动电机到车轮之间的动力传递路线：比亚迪 e5 驱动电机的内花键孔与减速器的外花键轴装配结合，驱动电机将动力传递至减速器，动力经过减速器中的一级减速后传递给主减速器和差速器，动力再由差速器两个半轴齿轮传递到减速器两侧的三枢轴式伸缩万向节，动力再经万向节、半轴齿轮传递到两个车轮侧的万向节，最终到达车轮。

减速器与驱动电机通过法兰固定，有 8 个六角法兰面固定螺栓，紧固力矩为 100N·m，如图 3-10 所示。

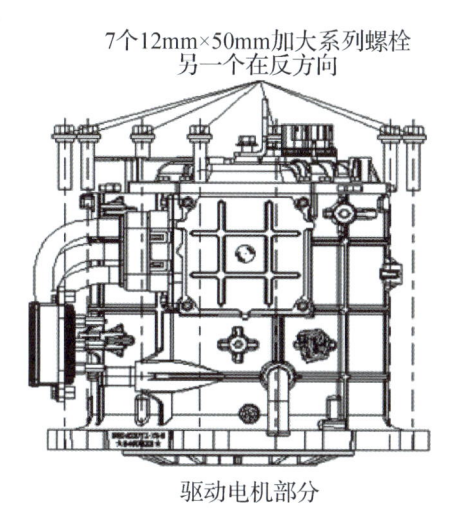

图 3-10　减速器与驱动电机固定的 8 个六角法兰面固定螺栓

3.3　减速器的检修

3.3.1　减速器的维护保养

1. 维护保养周期

对于减速器的保养，以比亚迪 e5 车型的减速器为例，当新车的磨合期结束后，建议每行驶 5000km 或 6 个月更换一次润滑油，以后进行定期维护。其维护保养应在整车特约维修点进行，建议维护周期为每行驶 48000km 或 24 个月更换一次。

2. 维护保养注意事项

（1）维护周期应以里程表读数或月数判断，以先达到为准。

（2）适用于各种工况行驶（在不平整或泥泞的道路上行驶，在多尘路上行驶，在极寒冷季节或盐碱路上行驶，极寒冷季节的重复短途行驶）。

（3）如果不是因为换油而是其他维修作业，则提升车辆时也应同时检查减速器是否漏油。

（4）根据整车驾驶性能及供应商要求，整车将在维护保养时进行软件更新。

（5）润滑油黏度、黏度指数、闪点、蒸发损失等指标符合要求，持续使用温度为 140℃，油量为 2L。

3.3.2 减速器润滑油的更换

工作任务

总目标：在学习理论知识的基础上，通过任务实施动手实践，掌握驱动电机减速器润滑油更换的步骤

内容	操作
一、准备	
开始作业前，准备好驱动电机实训车辆（以比亚迪 e5 为例）及其相关技术资料。工具箱和防护用品柜内需要有足够的专用维修工具和各类防护用具	1. 劳动保护 ① 穿好实训工作服。 ② 穿好劳保鞋。 ③ 检查并佩戴工作手套。 ④ 检查专用维修工具和各类防护用具。 2. 举升防护 ① 检查并锁死举升机。 ② 检查确保车辆在举升机上无松动摇晃情况
二、实训内容	
1. 学生工作	① 在各自工位分组学习。 ② 在充分学习本项目相关知识的基础上，通过查阅相关技术资料和观察驱动电机减速器外观，完成技能学习工单（见本书配套教学资源）。 ③ 7S（整理、整顿、清洁、清扫、素养、安全、节约）管理工作。 ④ 自我评价
2. 指导教师工作	学生在进行上述操作过程中，指导教师应进行下列工作。 ① 向学生讲解安全注意事项，并要求学生在技能学习工单中做记录。 ② 观察、指导学生进行相关操作，及时制止可能发生危险的操作。 ③ 实操结束后审阅学生完成的工单，并结合其操作情况给出评价

操作练习

内容	操作及数据记录	参考结果
一、准备		
① 穿好实训工作服，戴好工作手套；② 简易加注工具、机油回收车、油液加注机；③ 世达工具一套、笔记本和笔			
二、实训内容——驱动电机减速器润滑油更换			

续表

内容	操作及数据记录	参考结果
举升准备	安装垫块，准备举升车辆	
举升车辆	将实训车辆开至举升机工位，正确举升车辆到工作位置，注意安全防护	
推入机油回收车	举升车辆到工作位置后，将机油回收车推入实训车下方工作区域	
拆下放油螺栓	将机油回收车推至放油螺栓下，用套筒拆下放油螺栓	
排尽减速器机油	拆下放油螺栓后，用机油回收车接住机油，等待一定时间排尽机油。注意：车子在启动时会加热机油，排放机油时注意安全，以免烫伤	

续表

内容	操作及数据记录	参考结果
准备加注工具	根据实训设备准备加注工具，可以是简易加注工具或专用油液加注机	
拆下加油螺栓连接加注工具	拆下加油螺栓，将加注工具连接至加油口，继续机油加注。注意：机油达到加注口溢出时即代表机油加注达到标准位置	
拧紧加油螺栓	加注好机油后将加油螺栓拧紧	
放下车辆	按下举升机下降按键，将车辆安全放回地面	

三、整理场地

① 检查车辆、工具、设备是否恢复原位。
② 检查场地是否清理整洁

3.4 减速器拆装与检测——以比亚迪 e5 减速器为例

3.4.1 减速器总成检测

1. 减速器总成不解体检查

减速器总成不解体检查前需将车辆举升至合适的操作高度，检查减速器表面是否有泄漏或破损，若发现有破损或漏油等异常状况则应立即停止车辆使用，并将车辆移至厂家指定维修站点。

2. 减速器总成解体检测

减速器总成解体检测主要包括两方面内容，分别是减速器总成拆卸和减速器齿轮减速机构检查。

（1）减速器总成拆卸。

车辆举升至合适操作高度后，拆卸车辆悬架及驱动桥总成，分离主减速器和驱动电机，将主减速器放置于升降平板车上。根据减速器总成的组成依次拆卸相关部件，包括差速器半轴、输入轴的拆卸，减速器前、后箱体的分离，以及减速器齿轮传动机构拆卸。

① 差速器半轴、输入轴的拆卸。

使用一字螺丝刀拆卸左、右两侧半轴的挡圈和密封圈，并用抹布包裹差速器半轴后，拆卸差速器半轴上的固定螺栓。以同样的方法拆卸输入轴密封圈和减速器与驱动电机结合密封圈。

② 减速器前、后箱体分离。

使用套筒、接杆、指针式扭力扳手组合工具拆卸差速器、减速器内外侧固定螺栓，并妥善放置。使用头部包裹胶带的一字螺丝刀轻撬减速器壳体，将减速器前箱体与后箱体分离。

③ 减速器齿轮传动机构拆卸。

新能源汽车驱动电机及控制系统检修时，取下差速器齿轮轴垫圈，并轻轻晃动齿轮轴，然后取下差速器齿轮轴，并妥善放置。使用套筒、接杆、指针式扭力扳手组合工具拆卸中间轴和输入轴上的固定螺栓。

（2）减速器齿轮减速机构检查。

减速器齿轮减速机构检查前需先进行减速机构的清洁。这里包括两方面内容，分别是减速器齿轮减速机构的清洁、减速器齿轮减速机构的检查和减速器箱体的检查。

① 减速器齿轮减速机构的清洁。

使用清洁刷清洁输入轴、中间轴和差速器齿轮轴，并用铲刀铲除前、后箱体残余的密封胶。

② 减速器齿轮减速机构的检查。

检查输入轴齿轮、中间轴齿轮、差速器齿轮和轴承是否有缺齿、锈蚀和异常磨损等情况，若有则应更换新的中间轴齿轮。检查前、后箱体外观和轴承外圈是否有损伤，若有则应更换新的前箱体。检查减速器与驱动电机结合密封圈、左右两侧半轴密封圈和挡圈、输入轴密封圈是否老化、损坏，若有则应更换新的密封圈。

③ 减速器箱体的检查。

按照规范使用外径千分尺和钢直尺检测减速器总成箱体内轴承座的深度、差速器齿轮轴承面的高度，并计算差速器轴承片的厚度。

3.4.2 减速器总成的检测方法及相关标准

减速器总成的检测方法及相关标准如表 3-2 所示。

表 3-2　减速器总成的检测方法及相关标准

项目	检测方法	相关标准
外观检查	目测检查减速器的外观	（1）箱体表面外观应光泽，喷漆应均匀。 （2）各处紧固连接螺栓应齐全，且符合规格要求，螺帽无松动现象。 （3）减速器铭牌标识等清晰、正确。 （4）箱体剖面之间不允许填充任何垫片，但可涂上密封胶或水玻璃，以保证密封
减速器放油螺栓的检查	目测检查减速器放油螺栓的外观	正常情况，减速器放油螺栓处应无油液渗漏
油量和油质检查	检查减速器中的油量和油质，查看是否满足要求	进行必要的更换和补充
差速器检查	检查差速器是否有异常，检查齿轮、差速器壳体、轴承、铆钉等零部件有无磨损等	（1）差速器壳体无裂纹、磨损、锈蚀等现象。 （2）齿轮外观检查无缺损、毛刺、裂痕和变形等现象。 （3）铆钉应该连接紧固，无松动、断裂、脱落等现象
输入轴、中间轴检查	检查输入轴、中间轴、键槽、蜗轮蜗杆径向窜动量等	按照型号参考对应的维修手册或生产图纸进行检验
轴承垫片检查	检查轴承内外圈是否有磨损，轴承垫片是否有磨损，是否有变形或其他异常情况	若轴承内外圈、垫片磨损严重则更换整套轴承和同等厚度的新轴承垫片
运转啮合情况检测	利用专用工装设备，对减速器进行手摇试验，检测啮合间隙是否合格	运行中不能有卡滞、空转等不良现象
振动检测	通过振动测试仪器检测减速器的振动情况	判断其是否存在异常振动现象，如有则应及时排除
密封性检测	减速器静置，加入齿轮润滑油观察	无渗漏现象，若有渗漏则需要将相应部位拆开，重新进行密封处理

整理场地：
① 检查工具、设备是否恢复原位。
② 对场地按 7S 进行管理

3.4.3　减速器故障处理方式

1. 减速器无动力输出

当纯电动汽车整车出现无动力输出时，按下列操作步骤来检查减速器是否损坏。

第一步：首先检查驱动电机运转是否正常，若运转正常，则执行第二步检查，若提示驱动电机故障，则应先排查驱动电机故障。

第二步：踩下制动踏板，整车上电，将手柄挂入 N 挡，松开制动踏板，平地推车，检查车辆是否可以移动；或者用升降机举升车辆，转动车轮，检查是否能够转动。若车辆可以移动或车轮可以转动，则执行第三步检查，若车辆不能移动或车轮不能转动，则执行第四步检查。

第三步：拆卸驱动电机与减速器，检查电机与减速器的花键是否有异常磨损现象，若减速器输入花键轴磨损，则需要更换减速器的花键轴或将减速器返厂维修。

第四步：若车辆不能移动或车轮不能转动，则说明减速器内部轴系卡死，需要检查是否为驻车无法解锁，或是轴承磨损严重，减速器需更换轴承或返厂维修。

2．减速器产生噪声

减速器产生噪声的主要原因有润滑油不足、轴承损坏或磨损、齿轮损坏或磨损、箱体磨损或破裂、驻车机构零件损坏或磨损，如表 3-3 所示。

表 3-3　减速器噪声分类及处理措施

故障分类	故障现象	处理措施
润滑油不足	缺少润滑油或润滑油不足可能导致断续的嘶哑声	按规定型号和油量添加润滑油
齿轮损坏或磨损	齿轮表面的严重伤痕、齿轮侧隙过小、齿顶过高或中心距不正确可能导致清脆撞击声、金属挫擦声或其他周期性声响	更换齿轮
轴承损坏或磨损	轴承内圈、外圈或滚动体出现斑点、研沟、掉皮或锈蚀可能引起尖哨声	更换轴承
驻车机构零件损坏或磨损	因零件磨损而出现不规则的尖叫声	更换对应的零件

3．减速器漏油

减速器漏油主要是由密封件老化或损坏引起的。减速器漏油故障及解决措施如表 3-4 所示。

表 3-4　减速器漏油故障及解决措施

故障	解决措施
输入轴油封磨损或损坏	更换油封
差速器油封磨损或损坏	更换油封
油塞处漏油	对油塞涂胶，按规定扭矩拧紧
箱体破裂	对减速器进行维修或更换
油量过多由通气塞冒出	检查油位，调整油量

工作任务

内容	操作
总目标：在学习理论知识的基础上，通过任务实施动手实践，掌握驱动电机减速器拆装与检测的步骤	
一、准备	
开始作业前，准备好驱动电机减速器台架（以比亚迪e5减速器为例）及其相关技术资料。工具箱和防护用品柜内需要有足够的专用维修工具和各类防护用具	1. 劳动保护 ① 穿好实训工作服。 ② 穿好劳保鞋。 ③ 检查并佩戴工作手套。 ④ 检查专用维修工具和各类防护用具。 2. 安全防护 ① 检查并确认台架牢固无松动。 ② 检查确保减速器在工位上无松动摇晃情况
二、实训内容	
1. 学生工作	① 在各自工位分组学习。 ② 在充分学习本项目相关知识的基础上，通过查阅相关技术资料和观察驱动电机减速器外观，完成技能学习工单（见本书配套教学资源）。 ③ 7S（整理、整顿、清洁、清扫、素养、安全、节约）管理工作。 ④ 自我评价
2. 指导教师工作	学生在进行上述操作过程中，指导教师应进行下列工作。 ① 向学生讲解安全注意事项，并要求学生在技能学习工单中做记录。 ② 观察、指导学生进行相关操作，及时制止可能发生危险的操作。 ③ 实操结束后审阅学生完成的工单，并结合其操作情况给出评价

操作练习

内容	操作及数据记录	参考结果
一、准备			
① 穿好实训工作服，戴好工作手套；② 减速器；③ 世达工具一套、笔记本和笔			
二、实训内容——比亚迪 e5 减速器的拆装			

续表

内容	操作及数据记录	参考结果
拆分			
差速器半轴拆卸，前、后箱体分离	① 使用头部包裹胶带的一字螺丝刀拆卸差速器左侧半轴挡圈。 ② 使用头部包裹胶带的一字螺丝刀拆卸差速器左侧半轴密封圈	
	① 将差速器左侧半轴用抹布包裹后，再使用管钳进行固定，使用6mm套筒接杆棘轮扳手组合工具，拆卸差速器半轴固定螺栓。 ② 使用头部包裹胶带的一字螺丝刀拆卸输入轴密封圈。 ③ 使用头部包裹胶带的一字螺丝刀拆卸减速器与驱动电机结合密封圈	
	使用10mm套筒接杆指针式扭力扳手组合工具，按对角线顺序拆卸差速器6颗固定螺母，取下差速器固定螺母并妥善放置	
	使用10mm套筒接杆棘轮扳手组合工具，按同样顺序拆卸减速器内侧13颗固定螺栓，取下减速器内侧13颗固定螺栓并妥善放置	
	使用10mm套筒接杆棘轮扳手组合工具，按对角线顺序拆卸减速器外侧5颗固定螺栓，取下减速器外侧5颗固定螺栓并妥善放置	

续表

内容	操作及数据记录	参考结果
差速器半轴拆卸，前、后箱体分离	使用头部包裹胶带的一字螺丝刀轻翘减速器壳体，将减速器前箱体与后箱体分离	
减速器传动机构拆卸	① 取出磁铁并妥善放置。 ② 取下减速器齿轮轴垫圈。 ③ 轻轻晃动，取下减速器齿轮轴并妥善放置。 ④ 取下减速器齿轮轴并妥善放置	
	① 使用 8mm 套筒接杆指针式扭力扳手组合工具，预松中间轴 3 颗固定螺栓。 ② 使用 8mm 套筒接杆棘轮扳手组合工具，拆卸中间轴 3 颗固定螺栓。 ③ 轻轻晃动，取出中间轴并妥善放置。 ④ 用同样的方法取出输入轴	
零部件清洗	① 清洗输入轴。 ② 清洗中间轴。 ③ 清洗减速器轴。 ④ 使用铲刀铲除后箱体残余密封胶	
驱动电机减速器检查	① 检查输入轴、中间轴和差速器的齿轮和轴承是否有缺齿、锈蚀和异常磨损等情况，若有则应更换新的轴承和齿轮。 ② 检查密封圈是否老化、损坏，若有则应更换新的密封圈	

续表

内容	操作及数据记录	参考结果
安装		
输入轴的安装	① 在输入轴轴承和后箱体上涂抹润滑油，将输入轴齿轮安装至后箱体内。 ② 在输入轴齿轮固定螺栓上涂抹螺纹胶。 ③ 使用 8mm 套筒接杆棘轮扳手组合工具安装输入轴齿轮 6 颗固定螺栓，用扭力扳手组合工具紧固输入轴齿轮 6 颗固定螺栓至规定力矩，规定力矩为 12N·m	
中间轴的安装	① 在中间轴轴承和后箱体上涂抹润滑油，将输入轴齿轮安装至后箱体内。 ② 在中间轴齿轮固定螺栓上涂抹螺纹胶，并用手旋入固定螺栓。 ③ 使用 8mm 套筒接杆棘轮扳手组合工具安装中间轴齿轮 3 颗固定螺栓，用扭力扳手组合工具紧固中间轴齿轮 3 颗固定螺栓至规定力矩	
差速器的安装	在差速器齿轮轴轴承和后箱体上涂抹润滑油，将差速器齿轮轴安装至后箱体内，转动齿轮传动机构，检查各齿轮是否啮合到位	
前、后箱体合箱	① 检查前、后箱体有无零件漏装，关注定位销是否安装到位。 ② 将减速器、中间轴、输入轴放入后箱体，查看是否转动顺畅，以便安装。 ③ 合箱时在合箱面涂上密封胶，沿合箱面螺栓的内沿打胶，可用橡胶锤轻轻敲打箱体外壁帮助合箱。 ④ 注意保护油封，以防掉落	

续表

内容	操作及数据记录	参考结果
紧固箱体	用 10mm 套筒交错拧紧连接固定前、后箱体的 17 颗固定螺栓，注意区分输入轴上的 1 颗特殊长螺栓	
减速器半轴安装	① 使用 6mm 内六角套筒接杆棘轮扳手组合工具，安装减速器半轴固定螺栓，安装外侧半轴挡圈及密封圈。 ② 安装减速器与驱动电机结合密封圈。 ③ 安装输入轴密封圈	
工具整理	按照 7S 管理标准，整理工具、场地和设备	

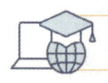

习 题

一、判断题

1. 减速器总成是一种把较高的转速转变为较低的转速，增大扭矩的装置。（　　）
2. 独立结构的减速器总成位于汽车前机舱内电机控制器下方右侧位置。（　　）
3. 减速器的输出轴，也称为副轴。（　　）
4. 比亚迪 e5 减速器总成采用的是一个具有固定传动比的二级减速装置。（　　）
5. 差速器的功用是将二级减速从动齿轮的动力传递给左、右两个半轴，并允许左、右两个半轴以不同的转速旋转，使左、右驱动轮相对地面滚动而不是滑动。（　　）

二、选择题

1. 比亚迪 e5 减速器总成位于（　　）。【单选题】
   A．前机舱内充配电总成左侧　　　　B．前机舱内充配电总成右侧
   C．前机舱内充配电总成上部　　　　D．前机舱内充配电总成下部

2. （　　）一般还兼作润滑油的油箱，具有充分润滑和密封箱体零件的作用。【单选题】
   A．箱体　　　　B．输入轴组件　　　　C．中间轴组件　　　　D．差速器

3. 输入轴的一级减速主动齿轮与中间轴的一级减速从动齿轮啮合，构成（　　）。【单选题】
   A．多级减速　　　B．一级减速　　　C．二级减速　　　D．三级减速

4. 减速器总成主要由（　　）组成。【多选题】
   A．箱体　　　　B．输入轴组件　　　　C．中间轴组件　　　　D．差速器

5. 减速器总成检修可以分为（　　）。【多选题】
   A．减速器基本检查　　　　　　　　B．减速器机油更换
   C．减速器总成不解体检查　　　　　D．减速器总成解体检查

三、简答题

1. 阐述比亚迪 e5 减速器总成的工作过程。
2. 阐述减速器总成的检修方法。

任务评价

请根据自己任务完成情况，对自己的工作进行评估、总结。

评分内容	自评	互评	教师评	总分
遵守安全规范操作（10分）				
遵守课堂纪律（10分）				
学生面貌（10分）				
课堂氛围（10分）				
团队合作（10分）				
熟悉永磁同步电机减速器结构及检测方法（15分）				
技能操作 掌握减速器机油更换方法（5分）				
技能操作 能够进行减速器的拆分（5分）				
技能操作 能够进行减速器的组装（5分）				
过程与方法（10分）				
完成本任务工作页（10分）				

知识拓展

国内外很多企业开发了三合一驱动桥总成，即驱动电机、减速器、电机控制器三合一，部分企业的三合一驱动桥总成如下。

企业	图样
ZF（采埃孚）三合一电驱系统	
HONDA（本田）三合一电驱系统	
Porsche（保时捷）三合一电驱系统	
BOSCH（博世）三合一电驱系统	

项目 4

驱动电机控制器结构与检测

情境引入

假设你是一名汽车维修技师，今天接到了一辆电动汽车的维修任务。车主反映车辆在行驶过程中出现了动力不足的情况，经过初步检查，你发现可能是驱动电机控制器出现了故障。

任务目标

素质目标

1. 培养严谨的工作态度，注重细节，确保驱动电机控制器的拆装质量。
2. 提高安全意识，遵守相关安全规定，保障自身和设备的安全。
3. 培养团队合作精神，与团队成员有效沟通，共同完成任务。
4. 增强问题解决能力，面对拆装过程中出现的问题，能够及时分析并找到解决方案。

知识目标

1. 了解驱动电机控制器的工作原理、结构组成和性能特点。
2. 掌握驱动电机控制器的拆装步骤和注意事项。
3. 熟悉相关工具和仪器的使用方法。
4. 了解驱动电机控制器与其他系统的关联和交互。

技能目标

1. 熟练进行驱动电机控制器的拆卸和安装操作，确保过程准确无误。

新能源汽车驱动电机构造与检修

2. 能够正确识别和检测驱动电机控制器的故障，并进行有效维修。
3. 掌握调试和校准驱动电机控制器的方法，保证其正常运行。
4. 提高记录和文档管理能力，详细记录拆装过程和相关信息。

思考与成长

我们要认识到环保的重要性。首先，我们要树立绿色环保意识，明白汽修工作对环境的影响。每个汽修动作都可能对环境产生影响，因此我们要时刻保持对环境的敏感性。

其次，我们要学习并实践环保的汽修方法。例如，正确处理废弃油料、废旧零件和废液，避免造成污染；合理使用环保型维修工具和材料，减少对环境的污染。同时，我们要倡导节约能源，养成节能减排的好习惯。在工作中，合理安排设备使用，避免不必要的能源浪费。

此外，我们还要培养社会责任感，积极参与环保活动。通过宣传环保知识，带动身边的人一起行动，共同为保护环境贡献力量。

知识解析

驱动电机控制器是电动汽车或其他电动设备的核心部件之一，它负责控制电机的运转，实现对车辆或设备的驱动。

在拆装驱动电机控制器时，首先需要了解其基本结构和工作原理。驱动电机控制器通常由电路板、电源模块、驱动模块、传感器等组成。

拆卸前，务必确保已经切断电源，并按照正确的步骤进行拆卸。使用适当的工具，小心地拆下驱动电机控制器的外壳，注意避免损坏内部元件。

在拆卸过程中，要注意记录各个部件的位置和连接方式，以便在安装时能够正确还原。同时，要小心处理连接线和插头，避免强行插拔导致损坏。

检查驱动电机控制器的电路板，观察是否有明显的损坏或烧焦痕迹。如果发现问题，则可以使用万用表等工具进一步测试和诊断。

安装时，按照相反的顺序将各个部件组装好，并确保所有连接牢固可靠。安装完成后，进行必要的测试，以确保驱动电机控制器正常工作。

需要注意的是，驱动电机控制器的拆装需要一定的专业知识和技能，如果不熟悉操作，则建议寻求专业人士的帮助。此外，遵循相关的安全规范和操作指南是至关重要的。

4.1 驱动电机控制器的结构及特点

4.1.1 驱动电机控制器概述

驱动电机控制器是控制动力电源与驱动电机之间能量传输的装置，由控制信号接口电路、驱动电机控制电路和驱动电路组成。某车型三合一集成式驱动电机控制器如图 4-1 所示。

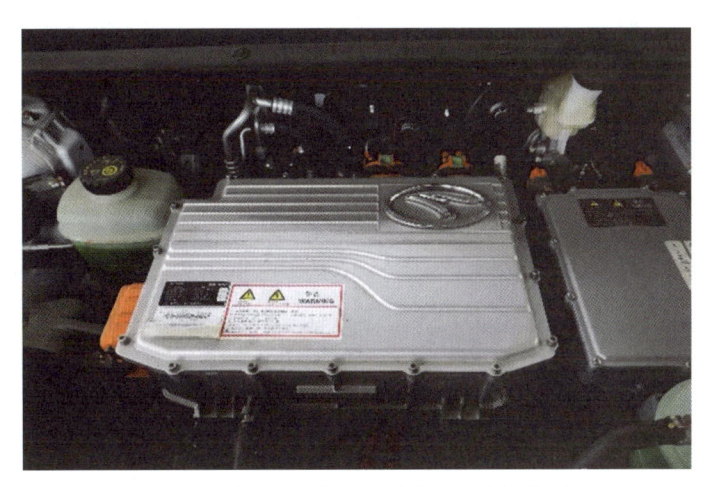

图 4-1 某车型三合一集成式驱动电机控制器

在电动汽车中，驱动电机控制器的功能是根据挡位、加速、制动等指令，将动力蓄电池所存储的电能转化为驱动电机所需的电能，来控制电动汽车的启动、进退速度、爬坡力度等行驶状态，或者帮助电动汽车制动，并将部分制动能量存储到动力蓄电池中。它是电动汽车的关键零部件之一。驱动电机控制器的基本功能可分为以下两部分。

功能一：动力蓄电池存储的电能以直流电的形式输送至驱动电机控制器，驱动电机控制器将直流电转化为交流电以供电机输出。

功能二：通过控制交流电的输出，来控制电机的转矩和转速的输出。

4.1.2 驱动电机控制器的基本结构

驱动电机控制器的基本结构如图 4-2 所示，其由壳体、连接器、电子控制元件、电气控制元件、电气功率元件组成，其中电气功率元件主要为 IGBT（绝缘栅双极型晶体管）集成功率模块，是驱动电机控制器的重要零部件。

1. 壳体与连接器

驱动电机控制器的壳体主要用于固定电子控制元件、电气控制元件、电气功率元件及连接器，并提供密

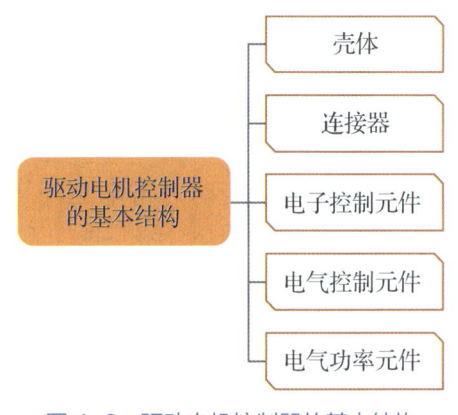

图 4-2 驱动电机控制器的基本结构

闭的防尘防水（IP67）空间来保护电子控制元件、电气控制元件、电气功率元件。为了满足使用要求，驱动电机控制器壳体上要有元件的安装位置和各种高低压线束的安装孔位。同时，驱动电机控制器壳体内由于车用电机控制器 IGBT 集成功率模块输出功率高，温升快，因此壳体提供相应冷却液水道口从整车冷却系统引入冷却液，以冷却 IGBT 集成功率模块。图 4-3 所示为驱动电机控制器壳体。

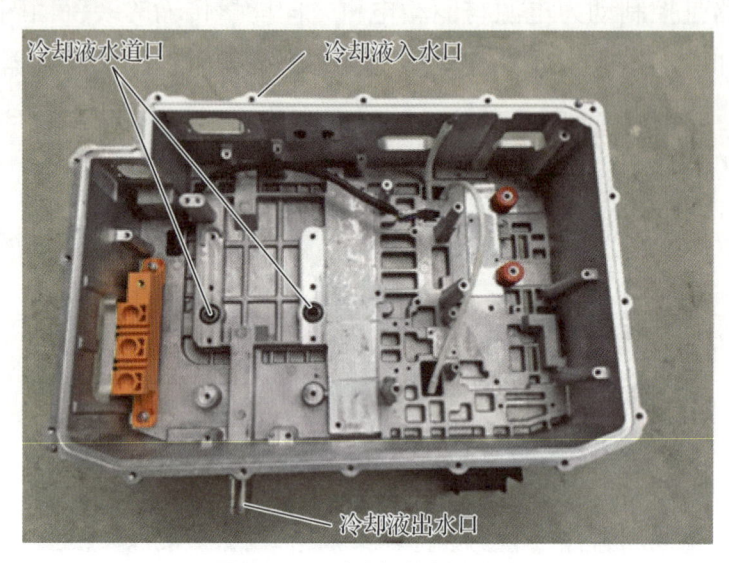

图 4-3　驱动电机控制器壳体

连接器（见图 4-4）安装于壳体外部，分为高压连接器与低压连接器两种，用于实现驱动电机控制器内外部高低压线束的连接。

图 4-4　连接器

高压连接器主要用于连接动力蓄电池和驱动电机控制器的高压线束，实现与动力蓄电池和驱动电机控制器的高压连接与输送，驱动电机控制器一般有两个高压接口，一个是高压输入接口，用于连接动力蓄电池高压接口；另一个是高压输出接口，用于连接电机，为驱动电机提供电源。

低压连接器主要用于 12V 电源的供应、与驱动电机及其他控制器通信。一般驱动电机控制器至少具备一个低压接口，所有通信、传感器、低压电源等都要通过这个低压接口引出，连接到车载网络系统及驱动电机，从而与整车控制器及动力蓄电池管理系统进行通信。

2. 电子控制元件

电子控制元件相当于驱动电机控制器的大脑，根据接收的外部通信信号及内部电气件的运行情况，电子控制元件直接或间接地控制IGBT集成功率模块，使得驱动电机控制器可靠、稳定地工作，合理控制电机进行运作。电子控制元件有逻辑电路板、控制电路板、驱动电路板等，如图4-5所示。

图4-5 电子控制元件

（1）逻辑电路板。

逻辑电路板主要存在于集成式驱动电机控制器中，对驱动电机控制器内部的电气电路进行各方面检测，以协调电源分配单元PDU、电压转换器DC-DC与驱动电机控制器MCU模块正常工作。

（2）控制电路板。

控制电路板主要用于电机IGBT集成功率模块的控制，控制电路板在接收整车控制器根据车辆驾驶需求和运行状态发出的控制信息，并检测驱动电机控制器及电机的状况后，通过控制驱动电路板驱动IGBT集成功率模块运行。

（3）驱动电路板。

驱动电路板主要用于IGBT集成功率模块的驱动，根据驱动电路板的控制信号，驱动IGBT集成功率模块运行，以产生三相交流电，控制电机运行。

3. 电气控制元件

电气控制元件主要有高压继电器、电容、功率电阻、电流传感器等。

高压继电器可由逻辑电路板中的12V低压控制电气回路通断，从而控制电气功率元件电源供应，如图4-6所示。

电容主要用于电路滤波。

由于IGBT集成功率模块在工作过程中会造成直流电路电流振荡，为减少振荡电流对直流电路的影响，通过此电容的并接对振荡电流进行滤波处理。常见电容如图4-7所示。

图 4-6 高压继电器

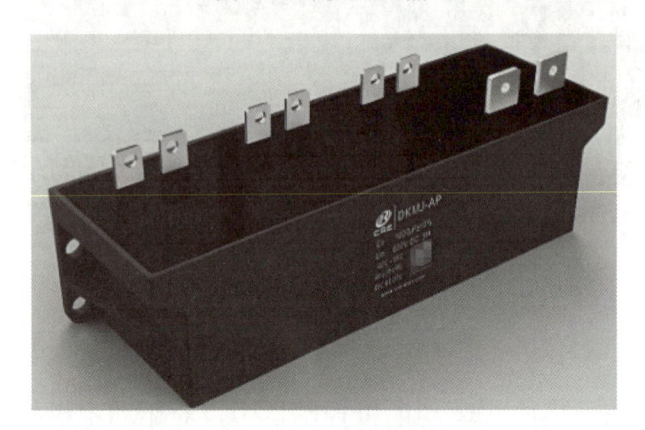

图 4-7 常见电容

功率电阻是一种电子元件，其主要作用是将电能转化为热能，通常用于电路中的限流、分压和加热等，可防止电容无负载充电瞬间的短路效应。通过继电器与功率电阻组成预充回路，可先将预充回路导通，并对电容进行充电。待充电完成，导通主回路后断开预充回路，持续为功率电阻提供电能。功率电阻及预充原理图如图 4-8 所示。

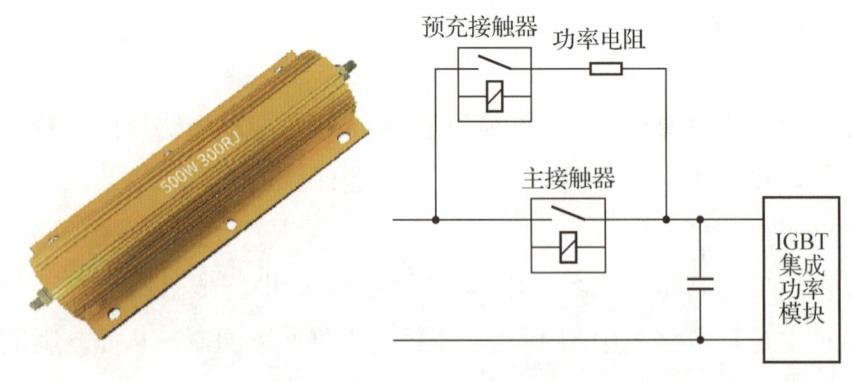

图 4-8 功率电阻及预充原理图

电流传感器主要对三相输出的电流进行采样检测，反馈至控制电路板。霍尔电流传感器如图 4-9 所示。

4. 电气功率元件

驱动电机控制器的电气功率元件主要是 IGBT 集成功率模块，如图 4-10 所示，它是将直流电转化为交流电的执行装置。通过电子控制元件与电气控制元件对 IGBT 集成功率模块的控制，输出可控的三相正弦交流电流，从而控制电机的转速、转矩。

图 4-9　霍尔电流传感器

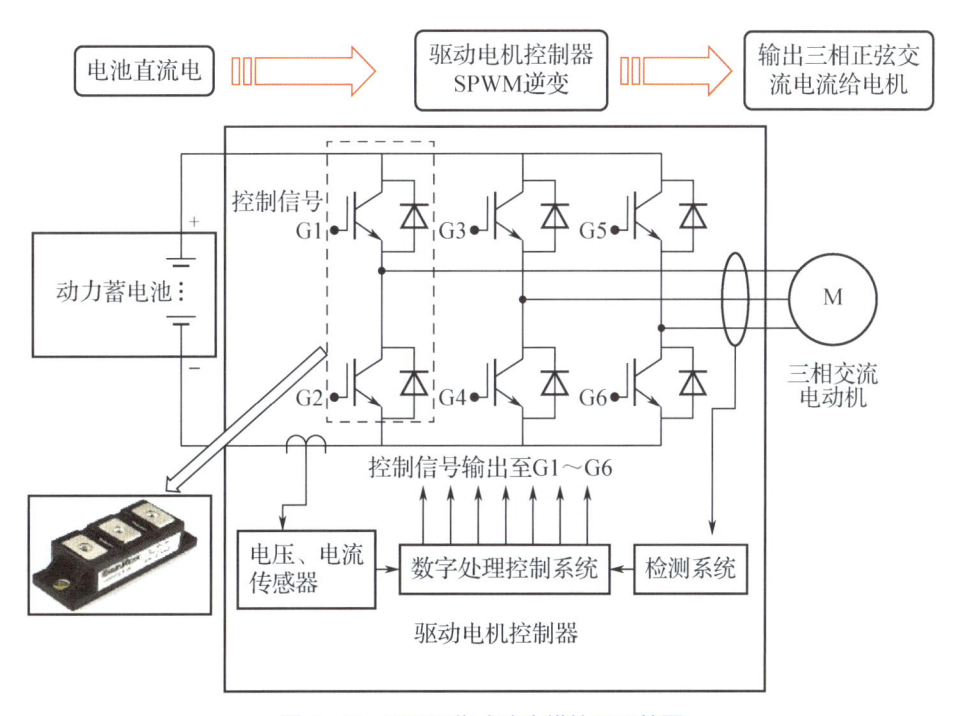

图 4-10　IGBT 集成功率模块

IGBT 集成功率模块原理简图如图 4-11 所示。

图 4-11　IGBT 集成功率模块原理简图

IGBT 集成功率模块是驱动电机控制器中的关键零部件，驱动电机控制器内部的数字处理控制系统发出方波信号使 IGBT 集成功率模块依次导通。G1、G3、G5 导通时通过正向电流，G2、G4、G6 导通时通过负向电流，因电流方向改变，故输出为交流电。

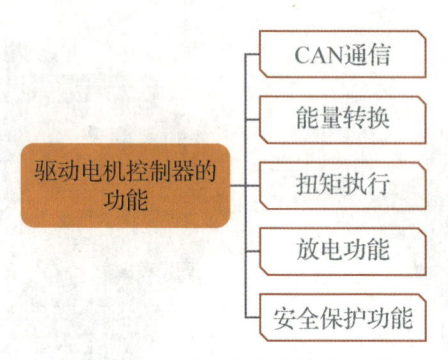

4.2 驱动电机控制器的功能

驱动电机控制器的功能如图 4-12 所示。

图 4-12 驱动电机控制器的功能

1. CAN 通信

驱动电机控制器具备 CAN 通信功能，能根据整车 CAN 协议内容正确地进行 CAN 报文发送、接收及解析，主要作用包括传输电机控制指令、反馈电机状态信息、与其他电控单元进行交互、有效地实现单品及整车功能策略。

整车 CAN 通信示意图如图 4-13 所示。

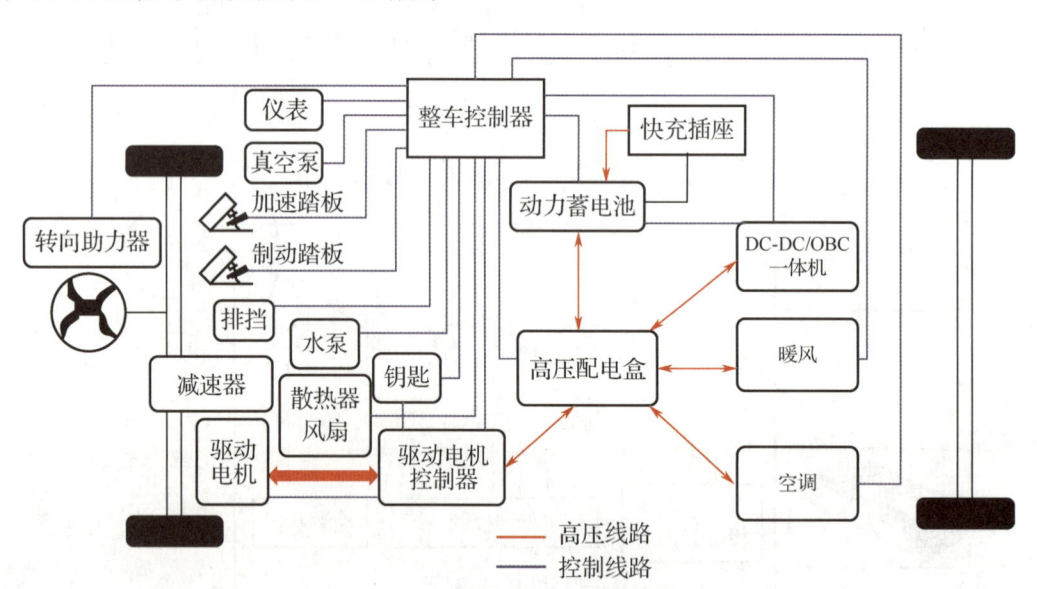

图 4-13 整车 CAN 通信示意图

2. 能量转换

将直流电转换为三相交流电：当电机驱动车辆前进或倒退时，动力蓄电池通过高压配电盒使高压直流电流向驱动电机控制器，驱动电机控制器将动力蓄电池的高压直流电逆变为三相交流电，供给驱动电机，用于驱动车辆行驶，即将电能转化为机械能。将直流电转换为三相交流电的示意图如图 4-14 所示。

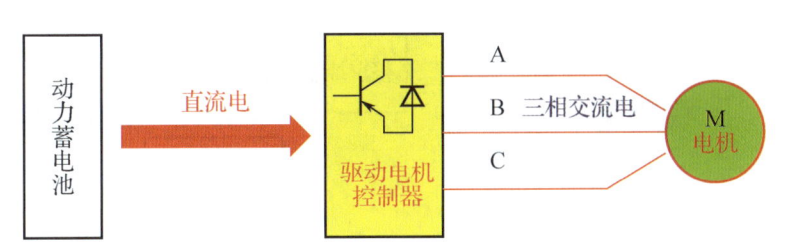

图 4-14 将直流电转换为三相交流电的示意图

将三相交流电转换为直流电：当车辆在行驶过程中减速或制动时，驱动电机转变为发电机，向驱动电机控制器输送三相交流电，驱动电机控制器根据数据总线传输过来的控制指令，先将驱动电机输送过来的三相交流电整流成稳定的直流电，再通过高压配电盒，输送到动力蓄电池，为动力蓄电池充电，即驱动电机控制器将驱动电机产生的三相交流电整流成相应的高压直流电给动力蓄电池补充电能，实现能量（车辆动能转换为电能）回收，提高车辆续航里程。将三相交流电转换为直流电的示意图如图 4-15 所示。

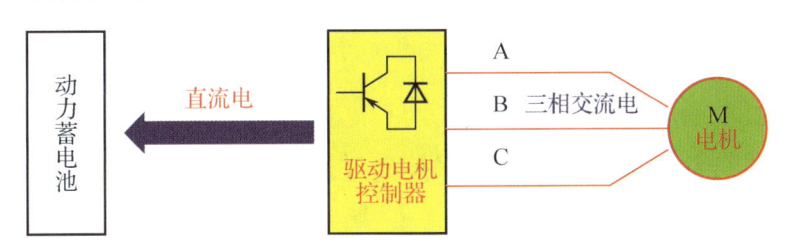

图 4-15 将三相交流电转换为直流电的示意图

3. 扭矩执行

正扭矩执行：驾驶员踩加速踏板时，整车控制器发送正扭矩给驱动电机控制器，电机系统驱动车辆运行。正扭矩执行图如图 4-16 所示。

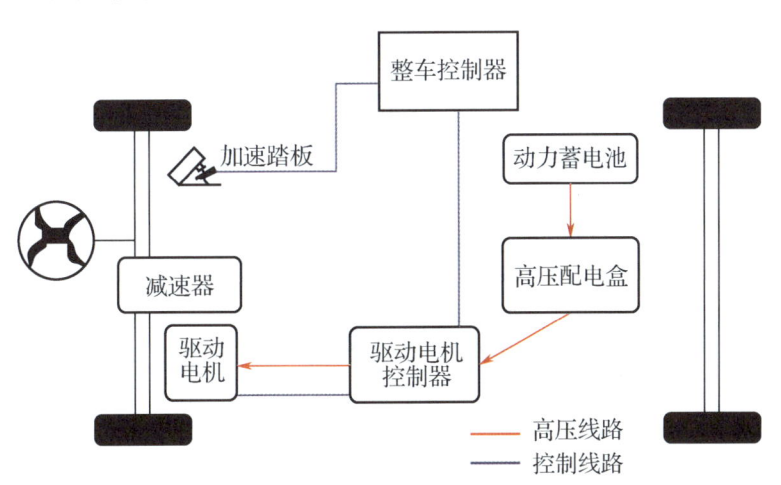

图 4-16 正扭矩执行图

负扭矩执行：驾驶员踩制动踏板时，整车控制器发送负扭矩给驱动电机控制器，高压配电盒将能量反馈到动力蓄电池，实现能量回收。负扭矩执行图如图 4-17 所示。

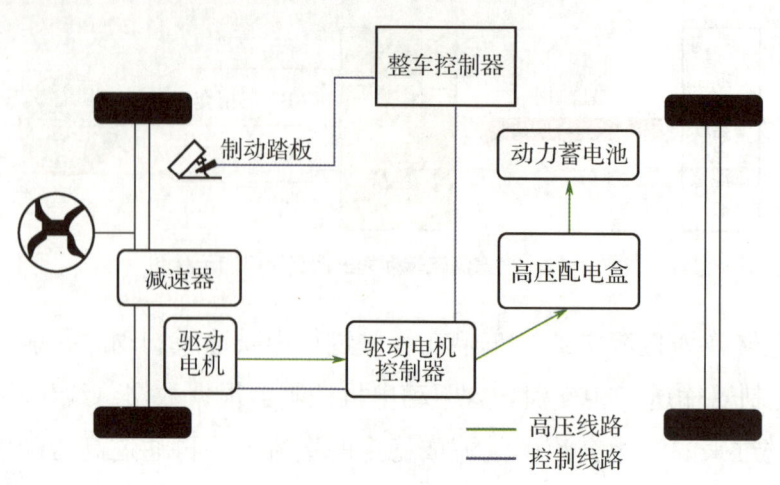

图 4-17 负扭矩执行图

4．放电功能

驱动电机控制器内含有大容量电容，考虑电容自行放电时间长且存在高压安全风险，故驱动电机控制器需要具备放电功能。

5．安全保护功能

驱动电机控制器具备过流保护、过速保护、过热保护等安全保护功能。

安全保护功能示意图如图 4-18 所示。

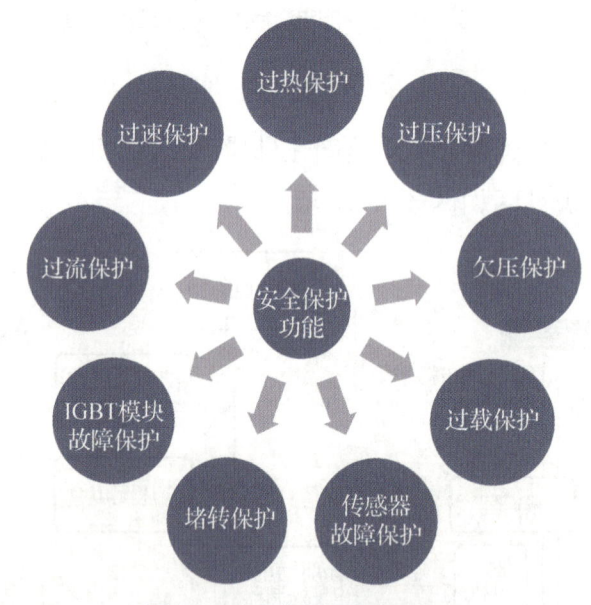

图 4-18 安全保护功能示意图

4.3 典型驱动电机控制器

驱动电机控制器是电机驱动系统的核心，也是驱动电机的控制单元，即驱动电机控制器输出命令，控制驱动电机工作。它响应并反馈整车控制器根据驾驶员意图发出的各种指令，实时调整供给驱动电机的电流和频率，以控制驱动电机的转速、转向和转矩。同时，驱动电机控制器具有通信和保护功能，可以实时进行状态和故障检测，保护电机驱动系统和整车安全、可靠运行。驱动电机控制器根据其是否为独立部件可分为两种：独立结构式驱动电机控制器和非独立结构式驱动电机控制器。这里主要介绍这两种驱动电机控制器的结构及特点，以及驱动电机控制器的检修方法。

4.3.1 独立结构式驱动电机控制器的结构及特点

比亚迪 e5 按照搭载平台不同，其驱动电机控制器的形式也不尽相同，2019 年生产的比亚迪 e5 的驱动电机控制器、驱动电机和减速器总成构成电驱三合一，这种结构中驱动电机控制器为独立结构式，可以进行单独拆装。这种平台（三合一）中驱动电机控制器虽然没有集成在某个总成内部，但它与驱动电机和减速器两个部件紧密结合，常被称为"电驱三合一"，下面分别介绍独立结构式驱动电机控制器的结构及特点。

一、结构

2019 款比亚迪 e5 采用的是独立结构式驱动电机控制器，位于前机舱驱动电机的上方，如图 4-19 所示。

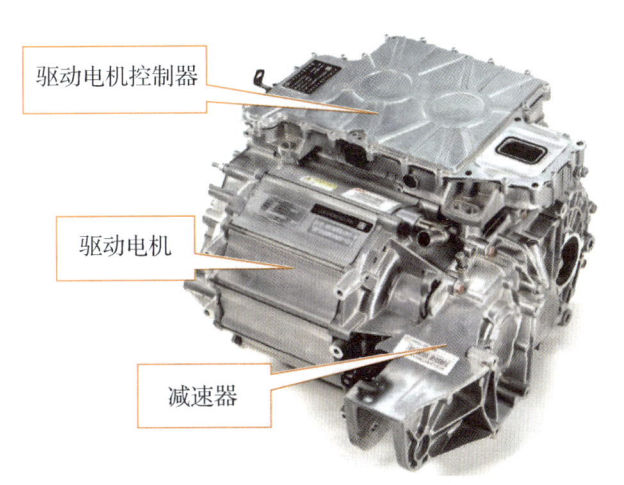

图 4-19 驱动电机控制器的安装位置

驱动电机控制器的作用是控制驱动电机运转，其外部结构有进水管、出水管、低压线束接插件、高压线输入接口和三相交流线输出接口，如图 4-20 所示。其内部主要由控制板、IGBT 集成功率模块（整流和逆变模块）、大容量薄膜电容、主动泄放模块、被动泄放模块等组成。

1. 驱动电机控制器的外部结构

（1）铭牌。

铭牌位于驱动电机控制器的右上方，包括电机型号和电机编号两部分内容，在对其进行检修时应先对电机型号和电机编号进行确认。

（2）进水管和出水管。

进水管和出水管与电机驱动系统中的冷却系统相连，其作用是控制驱动电机控制器温度，保证驱动电机控制器在要求的温度范围内稳定、高效地工作。

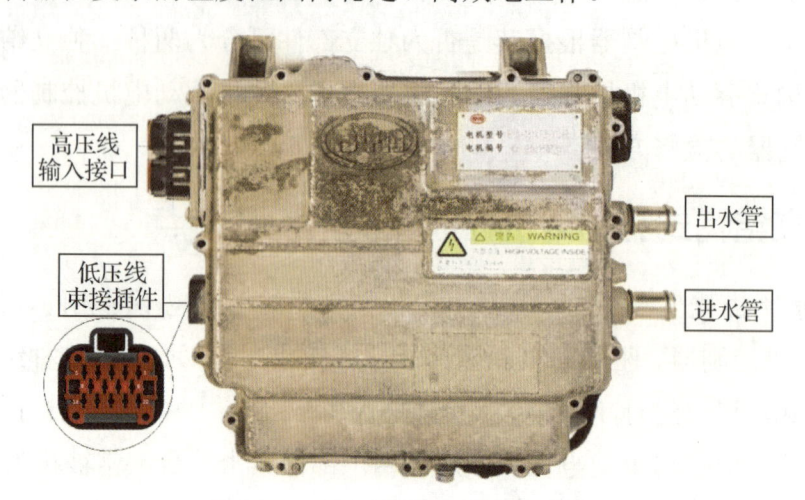

图 4-20 驱动电机控制器的外部结构

（3）低压线束接插件。

低压线束接插件是驱动电机控制器与低压电器相连的接口，其作用是驱动电机控制器给低压电器供电及相互之间进行信号传输。比亚迪 e5 的驱动电机控制器采用的是一个 14PIN 低压接插件，如图 4-21 所示。低压接插件端口的定义如表 4-1 所示。

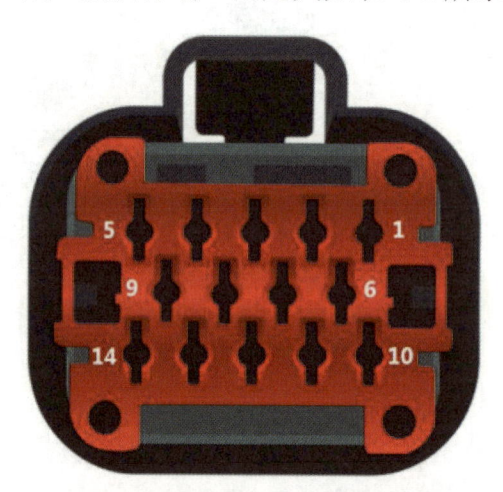

图 4-21 驱动电机控制器低压接插件

表 4-1 低压接插件端口的定义

接插件引脚	端口名称	端口定义	备注
1	12V 电源地	DND-IN	—
2	—	—	—
3	CANH2	预留 CAN	预留 CAN
4	CANL2	预留 CAN	预留 CAN
5	碰撞信号	CRASH_IN	PWM

续表

接插件引脚	端口名称	端口定义	备注
6	12V 电源地	DND-IN	—
7	—	—	—
8	碰撞信号地	EARTH-1	—
9	CAN 高	CANH	动力网 CAN 高
10	12V 电源正	+12V	—
11	12V 电源正	+12V	—
12	—	—	—
13	CAN 屏地线	EARTH	—
14	CAN 低	CANL	动力网 CAN 低

（4）高压线输入接口。

驱动电机控制器通过高压线输入接口与充配电总成连接，其作用是在驱动时将动力蓄电池的高压电通过充配电总成输入驱动电机控制器；在车辆减速或制动时，从驱动电机中回收的电能（三相交流电）经驱动电机控制器整流成高压直流电，从高压线输入接口输送给充配电总成。

（5）三相交流线输出接口。

驱动电机控制器与驱动电机之间通过高压三相交流线进行连接，其可以在驱动车辆时，将驱动电机控制器逆变后的三相交流电输送给驱动电机，驱动电机将电能转换为机械能从而驱动车辆行驶；在车辆减速或制动时，三相交流线输出接口可以将驱动电机发出的三相交流电传输给驱动电机控制器，驱动电机控制器整流后经充配电总成输送给动力电池补充电能，并进行能量回收。

2. 驱动电机控制器的内部结构

2019 款比亚迪 e5 驱动电机控制器的内部主要由主控板、IGBT 驱动板、IGBT 集成功率模块、预充电容（大容量薄膜电容）、主动泄放模块和被动泄放模块、霍尔电流传感器、温度传感器等组成，如图 4-22 所示。

（1）主控板。

驱动电机控制器的主控板又称主板、主机板、系统板等，是构成较复杂的电子系统或主电路板。主控板能提供一系列接合点，给驱动电机控制器内部的存储器和外部设备等提供接口。它们通常直接插入有关插槽或用线路连接。2019 款比亚迪 e5 的主控板如图 4-23 所示。主控板主要包括主控芯片、CAN 电路、电源电路、采样电路和旋变电路等。其中主控芯片为主控板提供一个通用平台供不同设备连接，控制不同设备的沟通；CAN 电路主要以 CAN 收发器芯片为主，提供驱动电机控制器与外部的交互；电源电路主要将 12V 电转变成 DSP 和部分电路所需的电压,如主控芯片的外部设备和内核供电、CAN 收发器的供电等;旋变电路能监测驱动电机绝对位置和转速;采样电路能进行驱动电机控制器的温度采样、冷却的温度采样、电机的温度采样、IG-ON 的检测、HVIL 的检测等。

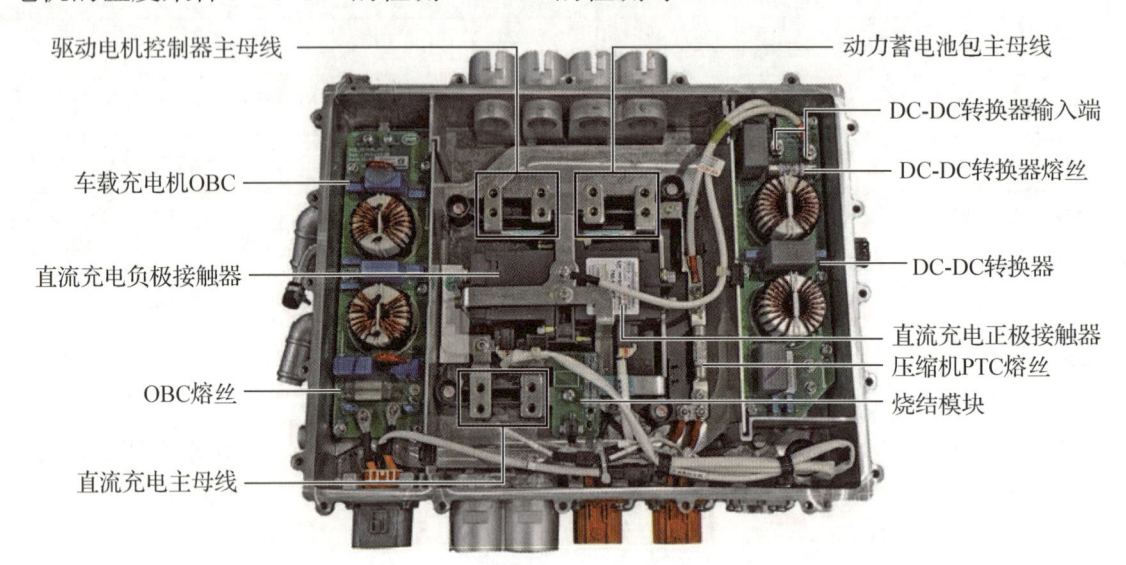

图 4-22　2019 款比亚迪 e5 驱动电机控制器的内部结构

图 4-23　2019 款比亚迪 e5 的主控板

(2) IGBT 驱动板。

IGBT 驱动板是控制系统与开关器件之间的中间环节,能接收控制系统控制指令,传输控制命令,确保开关器件 IGBT 执行正确的开关动作,保护开关器件及回馈 IGBT 工作状态。2019 款比亚迪 e5 的 IGBT 驱动板如图 4-24 所示。IGBT 驱动板一般由电源、高压采样电路和驱动电路等组成。电源通过排线或双绞线为系统提供稳定的 12V 直流电,以供主控板自身用电。高压采样电路包括多个高压采样电阻和隔离运算放大器,主要对母线直流电压、电流和三相交流电采样。驱动电路是将信号处理器(CDSP)输出的驱动信号经过隔离芯片将其带载能力加强,驱动 IGBT 集成功率模块,并将故障信号反馈给信号处理器,隔离方式主要有磁隔离、容隔离和光电隔离。

图 4-24　2019 款比亚迪 e5 的 IGBT 驱动板

(3) IGBT 集成功率模块。

IGBT 集成功率模块常被称为驱动电机控制器中的"逆变模块"，其主要部件是 IGBT。IGBT 是由 BJT（双极型三极管）和 MOS（绝缘栅型场效应管）组成的复合全控型电压驱动式功率半导体器件，兼有电场效应晶体管（MOSFET）的高输入阻抗和电子晶体管（GTR）的低导通压降两方面的优点。驱动电机控制器一般含有 6 个 IGBT 集成功率模块，起电路的开关作用，是驱动电机控制器的核心部件，通过控制 IGBT 的通断实现对动力蓄电池高压直流电的逆变，如图 4-25 所示。IGBT 集成功率模块固定于 IGBT 驱动板上，其栅极 G 和发射极 E 通过弹簧与电路板上的电路连接。

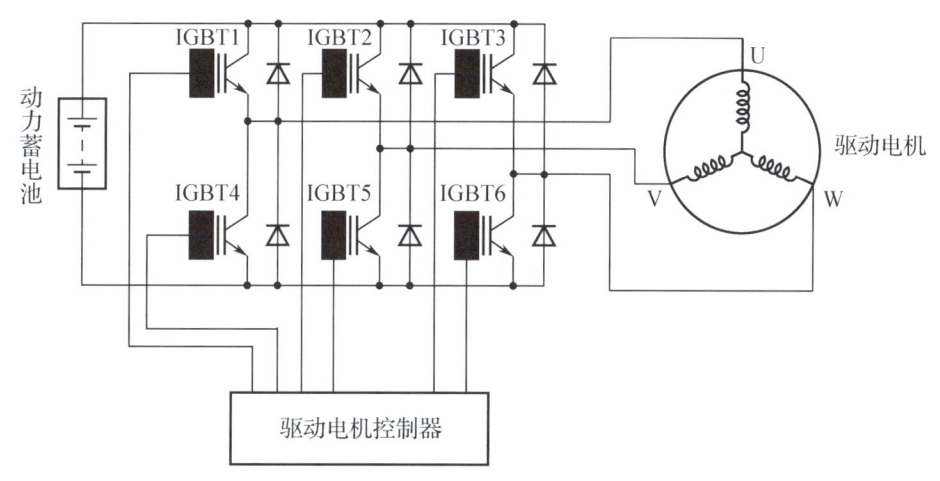

图 4-25　驱动电机控制器含有 6 个 IGBT 集成功率模块

(4) 大容量薄膜电容。

在驱动电机控制器中，动力蓄电池的直流电作为输入电源，需要通过直流母线与驱动电机控制器连接，该方式叫作直流支撑，其中的电容称为母线电容或直流支撑电容。当驱动电机控制器从动力蓄电池上得到有效值或峰值很高的脉冲电流时，会在直流支撑电容上产生很高的脉冲电压，使得驱动电机控制器难以承受，这时需要选择母线电容串联在直流电路中起保护作用。

母线电容的具体作用如下。

① 平滑母线直流电压，使驱动电机控制器的母线直流电压在 IGBT 通断时仍比较平滑。

② 降低驱动电机控制器 IGBT 端到动力蓄电池线路的电感参数，削弱母线的尖峰电流并吸收驱动电机控制器母线端的高脉冲电流。

③ 防止母线端电压的过充和瞬时电压对驱动电机控制器的影响。

新能源汽车常用的母线电容包括电解电容和薄膜电容两种，当前使用最多的是薄膜电容。2019 款比亚迪 e5 驱动电机控制器中的母线电容选用的就是大容量薄膜电容，如图 4-26 所示，耐压可以达到直流 1000V 以上，工作环境温度可达 105～125℃。

图 4-26 大容量薄膜电容

（5）主动泄放模块和被动泄放模块。

为了实现高压安全，国家标准做了明确规定：车辆发生碰撞后，应当立即进行高压下电，避免碰撞后造成人员与高压带电部分直接接触或间接接触引起的触电事故。主动泄放模块和被动泄放模块就是一种确保在紧急情况下的高压安全措施。具体要求：紧急情况下，如碰撞、短路等情况，以及车辆下电时，都会有高压下电，而驱动电机控制器中有大容量薄膜电容等储能装置，在高压电池管理系统（BMS）控制高压下电以后，内部仍存在高压电，为防止人员触电伤害，需要将驱动电机控制器中的高压电容内残余的高压电泄放，降至 60V 以下。

① 主动泄放模块。

主动泄放模块是指专门的主动放电电路，2019 款比亚迪 e5 的主动放电电路在发生碰撞或其他需要高压下电情况下，5s 内会将预充电容电压降至 60V 以下，迅速释放危险电能，主动放电电路的泄放电阻值为 7.5Ω。

② 被动泄放模块。

被动泄放模块是主动放电电路失效时的二重保护，2019 款比亚迪 e5 是含有被动泄放模块的。在含有主动泄放模块的同时，有些车辆高压部件（如驱动电机控制器、空调驱动制动器等）中还设置了被动泄放模块。这样在主动放电电路发生故障时，被动放电电路可以在 2min 内把预充电容电压降至 60V 以下，作为二重保护。一般被动放电电路的泄放电阻值为 75kΩ，直接接于 660μF 高压电容的正、负极两端，上电后一直处于耗电状态，但因泄放电阻值很大，所以电流很小，损耗可以忽略不计。

（6）霍尔电流传感器。

2019 款比亚迪 e5 驱动电机控制器中配有霍尔电流传感器，如图 4-27 所示，用来检测驱动电机控制器输出三相交流电的输出电流。为精确检测电流方向，采用正、负电源供电。一般需要在线检测霍尔电流传感器的性能好坏，先检查其是否有电源电压，若电源正常，则再检查霍尔电流传感器的霍尔信号并与驱动电机当前输出转矩进行对比，从而判断霍尔电流传感器是否正常。

图 4-27 霍尔电流传感器

（7）温度传感器。

IGBT 集成功率模块有多个热敏电阻式温度传感器，用于检测 IGBT 集成功率模块的工作温度。

二、特点

2019 款比亚迪 e5 驱动电机控制器为独立结构式，主要用于驱动电机的工作状态监测、控制及与整车控制器之间的信息交互。2019 款比亚迪 e5 将驱动电机控制器、驱动电机、主减速器集成在一起构成电驱动总成，其中驱动电机控制器高压线束采用内部连接，外部直接提供高压直流电，在很大程度上节省了线束成本，代表电动汽车动力总成的主流发展方向。2019 款比亚迪 e5 驱动电机控制器内部电子器件集成在电路板上，如主控板和 IGBT 驱动板。

4.3.2 非独立结构式驱动电机控制器的结构及特点

2015 款至 2018 款比亚迪 e5 为四合一平台，这些车型上的驱动电机控制器与车载充电器、高压配电盒和 DC-DC 转换器集成在一起构成高压电控总成，这种结构形式的驱动电机控制器称为非独立结构式。这里主要介绍 2018 款集成在高压电控总成内的驱动电机控制器的结构及特点。

一、安装位置

2015 款至 2018 款比亚迪 e5 驱动电机控制器安装在车辆前舱内的高压电控总成内部，比亚迪 e5 高压电控总成位置如图 4-28 所示。

图 4-28 比亚迪 e5 高压电控总成位置

二、结构

2015 款至 2018 款比亚迪 e5 驱动电机控制器是高压电控总成的一部分,这里主要介绍驱动电机控制器的外部结构和内部结构。

1. 驱动电机控制器的外部结构

与驱动电机控制器功能相关的外部高压接口有动力蓄电池高压直流输入接口（直流母线正极接口、直流母线负极接口）和驱动电机控制器三相交流电输出接口（驱动电机三相交流电输入接口）。其中,动力蓄电池高压直流输入接口用于动力蓄电池和高压电控总成之间的高压直流线路连接,位于前机舱高压电控总成后面和电池管理器的左侧,如图 4-29 所示。驱动电机控制器三相交流电输出接口用于驱动电机控制器与驱动电机高压三相交流线路的连接,位于前机舱高压电控总成前面中间位置,如图 4-30 所示。

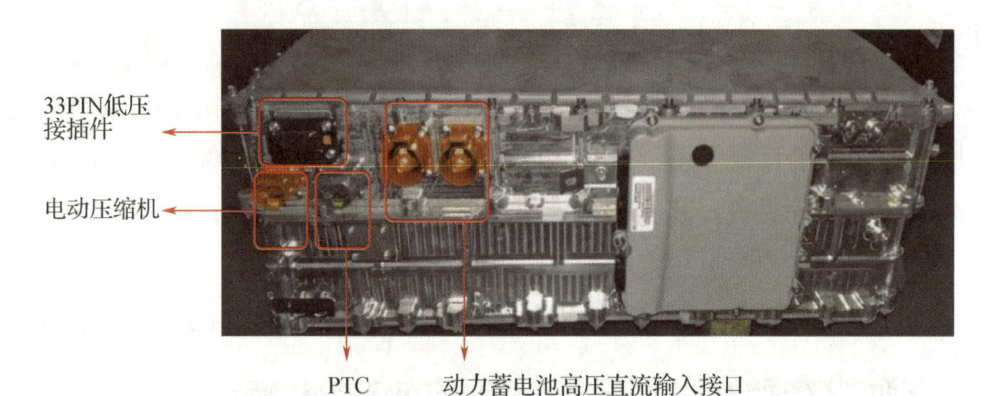

图 4-29 驱动电机控制器动力蓄电池高压直流输入接口位置

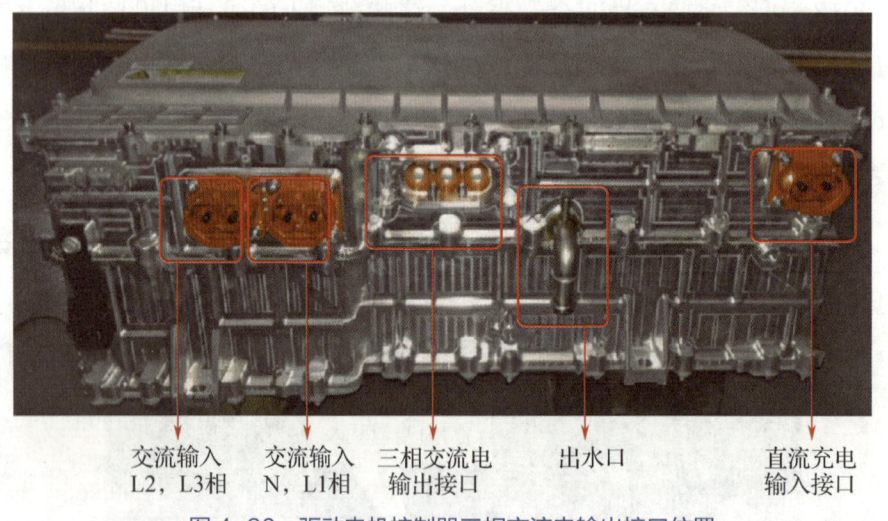

图 4-30 驱动电机控制器三相交流电输出接口位置

与驱动电机控制器功能相关的外部低压接口是驱动电机控制器低压输出接口,也称为 64PIN 低压接插件,位于前机舱高压电控总成外壳的侧面,如图 4-31 所示。

低压输出接口

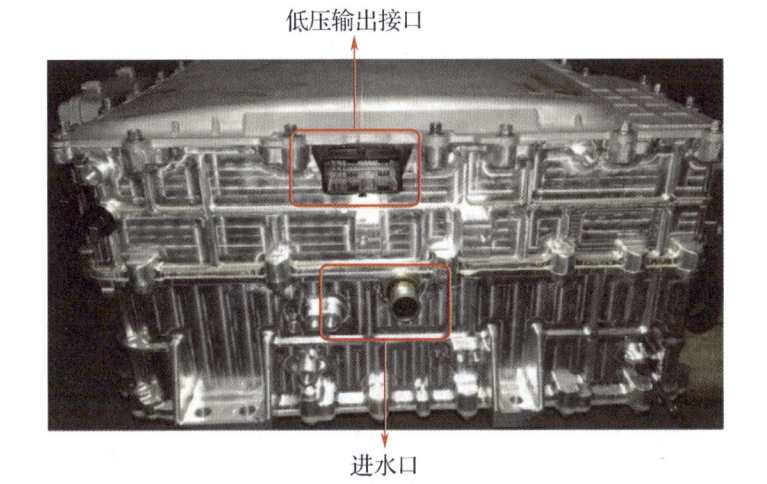

进水口

图 4-31 驱动电机控制器低压输出接口位置

除此之外,驱动电机控制器内部是有冷却管路的,用于驱动电机控制器的冷却散热,分别连接高压电控总成上的进水口和出水口。

2. 驱动电机控制器的内部结构

高压电控总成将纯电动汽车的双向交流逆变式电机控制器(VTOG)、车载充电器(OBC)、高压配电盒和 DC-DC 转换器这 4 个高压电控装置合为一体,如图 4-32 所示,又称"高压四合一",所以 VTOG 是高压电控总成的一部分。2015 款至 2018 款比亚迪 e5 的驱动电机控制器是双向交流逆变的电压型逆变器,它可以利用 IGBT 将直流电转化成交流电,其主要功能是通过收集挡位信号、加速踏板信号、制动踏板信号等来控制电机,根据不同工况控制电机的正反转、功率、扭矩、转速等,即控制电机的前进、倒退、维持车辆的正常运转。此外,还具备充电控制功能,能进行交直流转换、双向充放电控制。

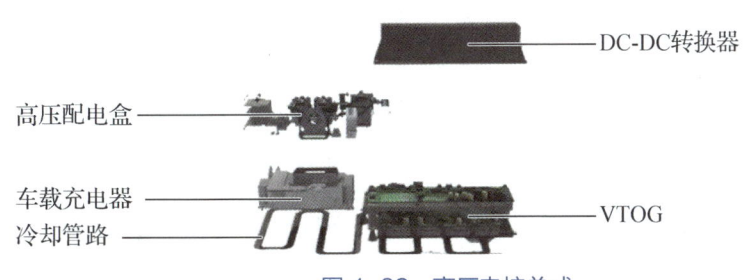

DC-DC转换器
高压配电盒
车载充电器
冷却管路
VTOG

图 4-32 高压电控总成

非独立结构式驱动电机控制器主要由大容量薄膜电容($660\mu F$ 母线电容总成、$70\mu F$ 电容、$25\mu F$ 电容)、VTOG 控制板、IGBT 集成功率模块(IGBT 驱动板和 IGBT)、霍尔电流传感器、VTOG 电源电路板等组成。其中 VTOG 控制板、IGBT 驱动板、IGBT 及冷却管路紧密连接在一起,集成在电机控制模块 VTOG 内部,而大容量薄膜电容和霍尔电流传感器分布在高压电控总成内部合适位置,所以这些部件分散布置,不集中布置在同一个壳体内部。

(1)驱动电机控制器。

从结构上来看,驱动电机控制器是由上、下两块电路板和中间冷却管路组成的,其中上

层电路板为控制板（见图4-33），下层电路板为IGBT驱动板（见图4-34），中间层为冷却管路，2018款比亚迪e5的驱动芯片采用的是LED020112FA2芯片，且IGBT总成固定于IGBT驱动板上，其栅极G和发射极E通过弹簧与电路板上的电路连接，该总成上还有用于检测其工作温度的温度传感器（热敏电阻）。

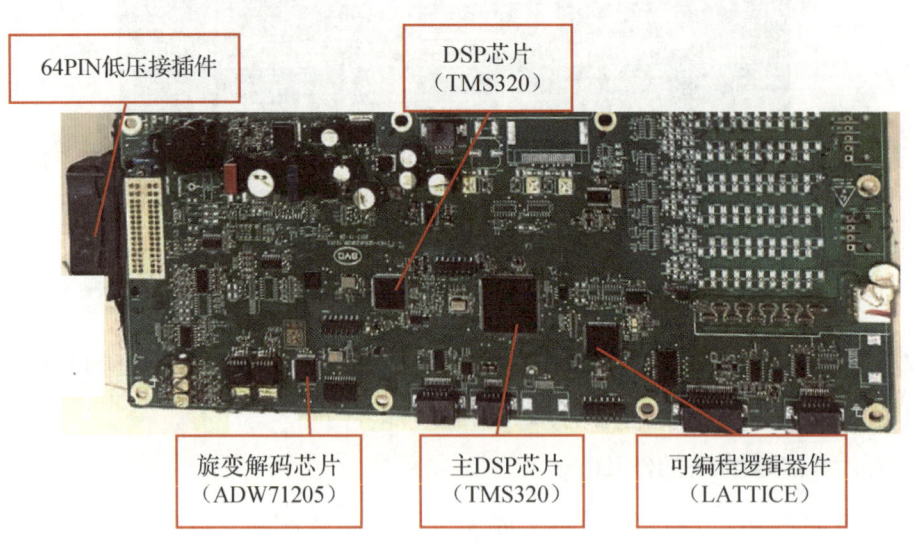

图4-33 2018款比亚迪e5的控制板

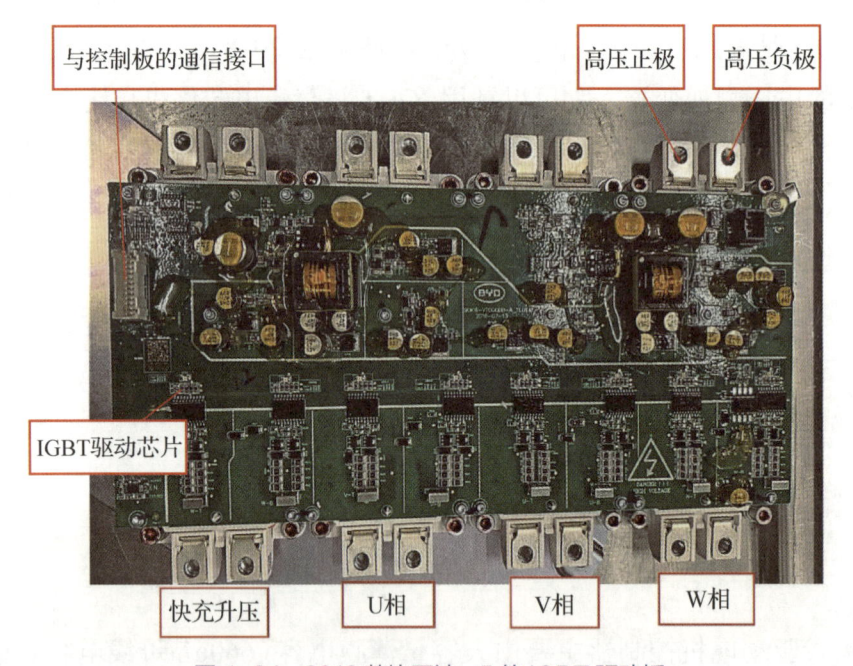

图4-34 2018款比亚迪e5的IGBT驱动板

2018款比亚迪e5的VTOG预留有车辆对放电排插供电功能（VTOL）及车辆对车辆放电功能（VTOV），可通过转向盘上的按键进行设置。

（2）大容量薄膜电容。

2015款至2018款比亚迪e5驱动电机控制器内部高压电路中的母线电容使用的是大容量薄膜电容，如图4-35所示。大容量薄膜电容的耐压可达到直流1000V以上，改善了电容的防潮性和抗温度冲击能力，工作环境温度可达 105～125℃。其主要由母线电容总成、直流充电升压器的 70μF 电容及 3 个 25μF 电容总成等组成。

图 4-35 2018 款比亚迪 e5 母线电容

（3）霍尔电流传感器。

高压电控总成中采用了霍尔电流传感器来检测电流。2018 款比亚迪 e5 霍尔电流传感器如图 4-36 所示。为检测电流方向，采用正、负电源供电。一般需要在线检测霍尔电流传感器的性能好坏，先检查其是否有 "+15V" "-15V" 的电源，若电源正常，则再测试霍尔信号（1V 对应 100A）并与电源管理器的当前电流进行对比，从而判断霍尔电流传感器是否正常。

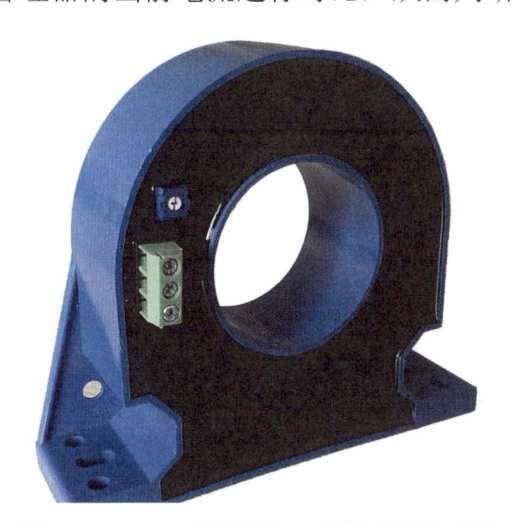

图 4-36 2018 款比亚迪 e5 霍尔电流传感器

（4）主动泄放模块和被动泄放模块。

为确保车辆安全，驱动电机控制器内部同样设有主动泄放模块和被动泄放模块，这样确保车辆高压下电或碰撞下电时，能迅速将车辆高压电路中高压电在规定的时间内泄放到 60V 以下。需要注意的是，2015 款至 2018 款比亚迪 e5 驱动电机控制器内部的主动泄放模块和被动泄放模块集成在控制板上，并不是独立的模块。

三、特点

2015 款至 2018 款比亚迪 e5 驱动电机控制器不是独立结构式，它由集成在高压电控总成内部的几个部件组成。从驱动电机控制器功能来看，驱动电机控制器内部的电机控制模块、大容量薄膜电容和霍尔电流传感器是分别独立安装在高压电控总成内部合适位置的，所以高压电控总成内非独立结构式驱动电机控制器的功能组件是完整的，但是它们是分散布置在高压电控总成内部的。

4.4 驱动电机控制器检测

驱动电机控制器检测要遵循由易到难、由外到内、由电气部件到机械部件的原则进行，并且一般是不解体优先。这里从基本检查、在线检测和绝缘检测三个方面介绍驱动电机控制器检测方法和要点。

一、基本检查

（1）检查驱动电机控制器各接插件，确认接插件是否连接到位，是否有退针现象，若有则应及时接插到位。

（2）检查驱动电机控制器各连接线束是否牢靠或破损，若发现有破损或者异常连接状况，则应立即停止车辆的使用，并将车辆移至厂家指定维修站点。

（3）闻驱动电机控制器的气味，若发现有特殊的油漆味，则说明电机内部温度过高；若发现有较重的糊味，则可能存在烧坏现象。

二、在线检测

汽车启动以后，连接诊断仪读取驱动电机控制器的相关数据流，根据数据流分析驱动电机控制器的工况，主要需要读取的数据是驱动电机控制器高压检测完成的指标。

三、绝缘检测

驱动电机控制器的主要损坏原因是电气故障，可以借助相关检测工具和设备进行检测。

（1）驱动电机控制器高压输入接插件 A 端子绝缘检测。

断开蓄电池负极、MCU 低压插头，以及驱动电机控制器的高压输入接插件。使用兆欧表的 1000V 挡位，测量驱动电机控制器高压输入接插件 A 端子和车身搭铁之间的电阻值，正常电阻值应大于 20MΩ。若测量值小于标准值，则说明驱动电机控制器短路损坏。

（2）驱动电机控制器高压输入接插件 B 端子绝缘检测。

断开蓄电池负极、MCU 低压插头，以及驱动电机控制器的高压输入接插件。使用兆欧表的 1000V 挡位，测量驱动电机控制器高压输入接插件 B 端子和车身搭铁之间的电阻值，正常电阻值应大于 20MΩ，若测量值小于标准值，则说明驱动电机控制器短路损坏。

若通过检测确认驱动电机控制器存在故障，则需要将驱动电机从车身上拆下检测维修或更换。

四、电器元件检测

1. 高压接触器检测

有些车型电机控制输出三相交流电的线路中有三相接触器，需要用正确的方法检测接触器是否正常。高压接触器的检测分为基本检查、静态检测和动态检测。

（1）基本检查。

① 目视检查高压接触器外壳是否有破损或烧蚀痕迹。

② 目视检查高压接触器引脚是否有烧蚀或断裂痕迹。有些高压接触器有高压线束接线柱和低压线束接插件，需要查看高压线束接线柱是否有腐蚀和低压线束接插件插头是否有烧蚀或破损痕迹。

（2）静态检测。

① 查看高压接触器引脚或端子，分别找到电磁线圈和高压触点两端的引脚或端子。

② 用万用表检测电磁线圈的两个引脚的电阻，如图 4-37 所示。电磁线圈的电阻值需要通过查阅维修手册或专业技术资料来确定（若电磁线圈的电阻值为 24Ω，则检测值应该为 24Ω 左右），若检测值远高于标准值，则说明高压接触器损坏，需要更换新的高压接触器。

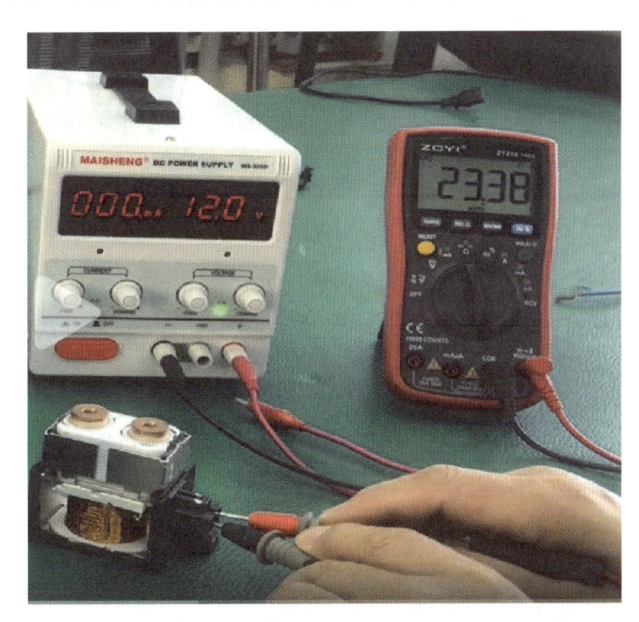

图 4-37 高压接触器电磁线圈电阻检测

③ 用万用表检测高压接触器高压触点的两接线柱或两端子电阻，标准电阻值为∞，若检测值与标准值不符，则需要更换新的高压接触器。

（3）动态检测。

① 将高压接触器电磁线圈引脚分别连接 12V 电源的正极和负极。

② 在电路闭合的情况下，倾听高压接触器触点是否有闭合的声音"啪"，并用万用表接高压接触器的两高压接线柱或两端子电阻，标准值<1Ω，若检测值与标准值不一致，则说明高压接触器损坏，需要更换新的高压接触器。

2. 电阻的检测

驱动电机控制器内部有电阻元件,需要检测其是否正常。有些驱动电机控制器内部的电阻元件焊接在电路板上。

(1) 基本检查。

找到电路板上相关电阻元件的位置,查看其是否存在烧蚀、脱焊等异常状态。

(2) 电阻值检测。

找到电阻元件的检测点,用万用表检测电阻值是否正常。不同电阻元件的电阻值是不同的,需要通过查阅维修手册或专业技术资料来确定。例如,驱动电机控制器被动泄放模块上的泄放电阻值应为75kΩ左右;主动泄放模块上的泄放电阻值应为7.5Ω左右;三相交流充电预充电阻值应为33Ω左右;母线电容预充电阻值应为100Ω左右。

3. 电容检测

驱动电机控制器内部有电容元件,需要检测其是否正常。

(1) 基本检查。

找到驱动电机控制器内部的电容元件,查看其是否存在烧蚀、破损等异常状态。

(2) 电容值检测。

找到电容元件的检测点,用电容表连接电容元件两个检测端子,检测其电容值。不同电容元件的电容值是不同的,需要通过查阅维修手册或专业技术资料来确定。

4. IGBT 检测

驱动电机控制器内的 IGBT 是驱动电机控制器的核心部件,这里主要介绍二极管和 IGBT 的检测方法。实际上,IGBT 有上桥臂和下桥臂,上、下桥臂共由 8 个 IGBT 组成,上桥臂和下桥臂分别由 4 个 IGBT 并联,再将上桥臂和下桥臂串联起来。图 4-38 所示为 IGBT 实物图与原理图。

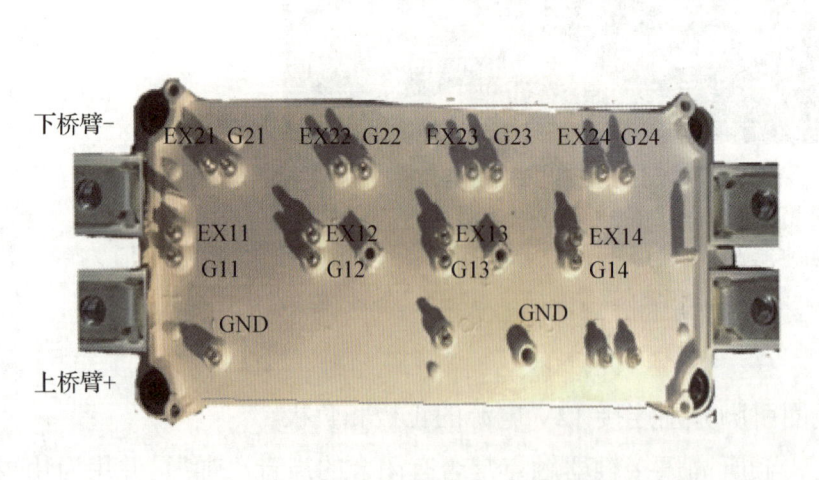

(a) 实物图 (b) 原理图

图 4-38 IGBT 实物图与原理图

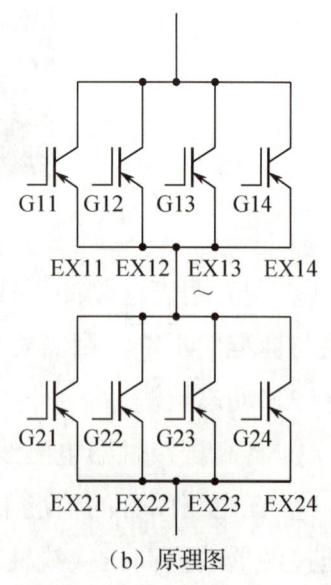

（1）二极管检测。

IGBT 的二极管一般位于上桥臂和下桥臂上，其一般是正向导通、反向截止。具体检测方法如下。

① 在 IGBT 未触发状态下用万用表的二极管挡测量上桥臂"+"与"～"之间的反向导通性，显示不导通。

② 在 IGBT 未触发状态下用万用表的二极管挡测量上桥臂"+"与"～"之间的正向导通性，显示导通，压降为 0.34V。

（2）IGBT 检测。

① 未触发状态下的检测。

用万用表二极管挡测量下桥臂"～"与"-"之间的正向导通性，显示导通，压降为 0.339V，而反向不导通。

② 触发状态下的检测。

a．用 9V 电池作为电源接至 G11 触发上桥臂中的某个 IGBT 上，如 1 号 IGBT。

b．用万用表二极管挡测量上桥臂"+"与"～"之间的导通性，显示导通，压降为 0.379V。

c．在触发上桥臂中的某个 IGBT 后，断开电源，这个 IGBT 的集电极 C 与发射极 E 仍保持导通。用万用表二极管挡测量上桥臂"+"与"～"之间的导通性，显示导通，压降为 0.379V。

d．依次对上桥臂中的其他 3 个 IGBT 进行触发，检查其导通性，检查前注意先短接栅极 G 与发射极 E，使其内部电容放电。

e．用相同方法可依次检测下桥臂中的各个 IGBT。

工作任务

内容	操作
总目标：在学习理论知识的基础上，通过任务实施动手实践，完成对新能源汽车的驱动电机控制器高压线束的拆装（以吉利 EV500 为例）	
一、准备	
开始作业前，准备好永磁同步电机（吉利 EV500）结构台架及其相关技术资料。工具箱和防护用品柜内需要有足够的专用维修工具和各类防护用具	① 穿好实训工作服。 ② 穿好劳保鞋。 ③ 检查并佩戴工作手套。 ④ 检查专用维修工具和各类防护用具
二、实训内容	

续表

内容	操作
1. 学生工作	① 在各自工位分组学习。 ② 在充分学习本项目相关知识的基础上，通过查阅相关技术资料了解吉利 EV500 驱动电机控制器，完成技能学习工单（见本书配套教学资源）。 ③ 7S（整理、整顿、清洁、清扫、素养、安全、节约）管理工作。 ④ 自我评价
2. 指导教师工作	学生在进行上述操作的过程中，指导教师进行下列工作。 ① 向学生讲解安全注意事项，并要求学生在技能学习工单中做记录。 ② 观察、指导学生进行相关操作，及时制止可能发生危险的操作。 ③ 实操结束后审阅学生完成的工单，并结合其操作情况给出评价

操作练习

内容	操作及数据记录	参考结果
一、准备		
① 穿好实训工作服，戴好工作手套；② 常用工具：150 件工具套装、绝缘工具套件、十字螺丝刀；③ 笔记本和笔		
二、实训内容——驱动电机控制器高压线束的拆装		
前期准备	① 在工作开始前请穿戴好个人防护用品。 ② 准备好工作所需设备及工具，铺设车内防护三件套。 ③ 安装车外防护三件套	
断开电源	戴好绝缘手套，断开低压蓄电池负极（等待 10min）	

续表

内容	操作及数据记录	参考结果
断开电源	断开高压直流母线；排放驱动电机控制器冷却液	
电机线束拆卸	拆下驱动电机控制器上盖的固定螺栓	
	拆下驱动电机控制器上盖	
	使用绝缘工具，拆下三相电机连接器上的 3 颗固定螺栓	
	拆下三相线束端子上的 3 颗固定螺栓，取出三相电机三相线束	

续表

内容	操作及数据记录	参考结果
高压线束拆卸	拆下驱动电机控制器高压线束连接器上的 2 颗固定螺栓	
	拆下高压线束固定端子上的 2 颗固定螺栓，取下高压线束	
拆卸搭铁线	拆下驱动电机控制器总成上的 2 颗搭铁线固定螺栓	
拆卸驱动电机控制器线束	取下 DC-DC 转换器正负极防尘盖，拔出驱动电机控制器线束插头	
拆卸 DC-DC 转换器	拆下 DC-DC 转换器正负极上的固定螺栓	

续表

内容	操作及数据记录	参考结果
冷却管路拆卸	取出控制电机总成的进出水管（拆卸过程中注意卡扣的拆卸）	
拆下驱动电机控制器与车身的固定螺栓	拆下驱动电机控制器总成上的 4 颗固定螺栓，取出驱动电机控制器总成	

驱动电机控制器的安装按照与拆卸相反的顺序进行

三、整理场地

① 检查工具、设备是否恢复原位。
② 检查场地是否清理整洁。

习 题

一、判断题

1．驱动电机控制器又称智能功率模块。（　　）

2．驱动电机控制器壳体上要有元件的安装位置和各种高低压线束的安装孔位，驱动电机控制器壳体中可以没有冷却管路。（　　）

3．电气功率元件主要为 IGBT 集成功率模块，是驱动电机控制器的关键零部件。（　　）

4．低压连接器主要用于 24V 电源的供应，与驱动电机及其他控制器通信。（　　）

5．在新能源汽车工作过程中，驱动电机控制器可以通过驱动电机内部的温度传感器、旋变传感器和驱动电机控制器内部的霍尔电流传感器监测驱动电机工作状态，并根据从整车控制器通过 CAN 通信系统传输过来的驾驶员操作指令工作。（　　）

二、选择题

1. 驱动电机控制器简称（　　）。【单选题】

　A．MCU　　　　B．BMU　　　　C．PDU　　　　D．MUC

2. （　　）相当于驱动电机控制器的大脑。【单选题】

　A．IGBT集成功率模块　　　　B．电子控制单元

　C．电气控制单元　　　　　　D．电气功率元件

3. 驱动电机控制器的特点有（　　）。【多选题】

　A．集成度高　　B．功率密度高　　C．寿命长　　D．输出稳定

4. 纯电动汽车驱动电机控制器主要由（　　）组成。【多选题】

　A．高低压连接器　B．电子控制单元　C．电气控制单元　D．电气功率元件

5. 电子控制单元包括（　　）。【多选题】

　A．电池电路板　　B．逻辑电路板　　C．控制电路板　　D．驱动电路板

三、简答题

1. 说出驱动电机控制器的逆变原理。
2. 说出驱动电机控制器的整流原理。

任务评价

请根据自己任务完成情况，对自己的工作进行评估、总结。

评分内容	自评	互评	教师评	总分
遵守安全规范操作（10分）				
遵守课堂纪律（10分）				
学生面貌（10分）				
课堂氛围（10分）				
团队合作（10分）				
熟悉驱动电机控制器结构及线束的拆装方法（15分）				
技能操作　能够正确对驱动电机控制器连接线束进行拆卸（8分）				
技能操作　能够正确对驱动电机控制器连接线束进行安装（7分）				
过程与方法（10分）				
完成本任务工作页（10分）				

项目 5

高压电控总成认知

情境引入

假设你正在参加一场汽车技术研讨会，主题是新能源汽车的发展。在会议中，专家提到了比亚迪 e5 这款车型，并强调了其高压电控总成的重要性。

专家首先解释了什么是高压电控总成，它是新能源汽车中的核心组件之一，负责控制高压电池的充电和放电，以及驱动电机的运转；然后提到了比亚迪 e5 高压电控总成的一些特点和优势。

你开始对这个话题产生浓厚的兴趣，想更深入地了解比亚迪 e5 高压电控总成的工作原理和技术细节。于是，你在会后主动与专家进行交流，并查阅相关资料，渴望探索这个领域的更多知识。

任务目标

素质目标

1. 培养对新能源汽车技术的兴趣和热情。
2. 提升对高压电控总成在汽车系统中的重要性认识。
3. 培养严谨的工作态度和团队合作精神。

知识目标

1. 了解高压电控总成的组成结构和工作原理。

2. 掌握高压电控总成与其他汽车组件的关系。
3. 熟悉高压电控总成的故障诊断和排除方法。

◎ 技能目标

1. 能够正确识别和检测高压电控总成的零部件。
2. 学会使用相关工具和设备对高压电控总成进行测试和维修。
3. 能够根据故障现象进行分析，并制定相应的解决方案。

思考与成长

文化自信是一个国家、一个民族发展中更基本、更深沉、更持久的力量。在当今全球化的时代背景下，培养文化自信具有重要意义。文化自信不仅关乎个人的成长和发展，也关系到国家的繁荣和进步。让我们共同努力，树立坚定的文化自信，为国家的发展贡献自己的力量。

知识解析

比亚迪 e5 高压电控总成是新能源汽车的核心部件之一，它主要负责控制高压电池的能量输出、驱动电机的运行，以及实现整车的动力控制。

比亚迪 e5 高压电控总成由多个模块组成，包括功率变换器、控制器、传感器等。其中，功率变换器将高压电池的直流电转换为交流电，供给驱动电机；控制器负责监控整车的工作状态，根据驾驶员的操作指令和车辆工况，实现对电机的精确控制。

比亚迪 e5 高压电控总成采用了先进的技术和设计，具有高效能、高可靠性和高安全性的特点。它能够实现对电机的快速响应和精准控制，提高整车的动力性能和能效利用率。

同时，比亚迪 e5 高压电控总成具备故障诊断和保护功能，能够实时监测系统的工作状态，一旦发现异常情况，就应及时采取措施进行保护，确保车辆的安全运行。

5.1 高压电控总成概述

新能源汽车技术飞速发展，电动汽车高压配电系统的集成度也越来越高。早期的纯电动汽车通常是将驱动电机控制器、高压配电盒、车载充电器、DC-DC 转换器分成各自独立封装成总成的结构形式。其优点是检测和更换方便，后期维修成本低；缺点是高压线束复杂，每个总成都要做防水、防尘措施，成本较高。目前，大部分高压配电系统将这些模块的部分或全部进行集成，如北汽 EX360 将驱动电机控制器、车载充电器、高压配电盒、DC-DC

转换器进行集成，称为 PEU。吉利 EV450 将驱动电机控制器与 DC-DC 转换器集成在一起，高压配电盒与车载充电器集成在一起。比亚迪 e5 高压电控总成的安装位置如图 5-1 所示，其内部和外部结构如图 5-2 所示，将纯电动汽车的 VTOG、车载充电器、高压配电盒和 DC-DC 转换器这 4 个高压电控装置合为一体，又称"高压四合一"。它的主要作用是对新能源汽车的电池、电机、电控等进行管理和控制，从而实现新能源汽车的正常行驶和各项功能。

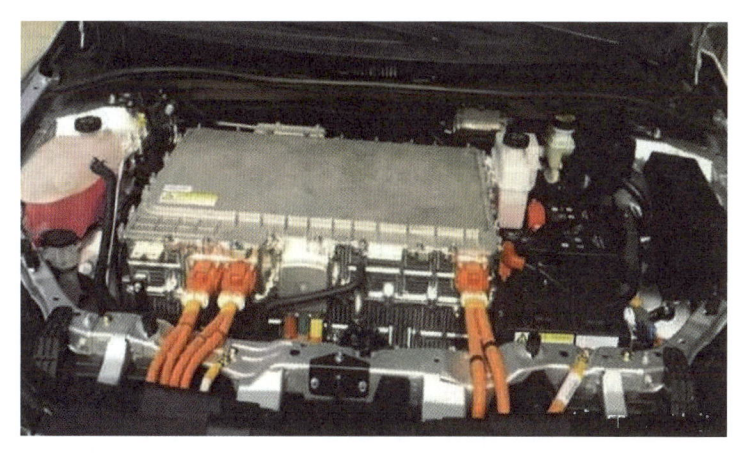

图 5-1 比亚迪 e5 高压电控总成的安装位置

图 5-2 比亚迪 e5 高压电控总成的内部和外部结构

5.1.1 驱动控制

新能源汽车驱动控制系统（简称电动汽车驱动系统）是新能源汽车上的一个核心部件，主要由电机、驱动电机控制器、减速器等组成，其主要作用是将电池的能量转化为汽车的动力，从而实现汽车的行驶。

新能源汽车驱动控制系统的优点在于效率高、功率密度大、噪声低、可靠性高等，因此被广泛应用于新能源汽车领域。

驱动控制（放电）：采集油门、制动、挡位、旋变信号等控制电机正向、反向驱动，利用电机正反转发电。具有高压输出和电流控制功能。同时，具有电控系统防盗、能量回馈控制、主动泄放控制、被动泄放控制功能。

5.1.2 充放电控制

新能源汽车充放电控制系统主要由电池管理系统、充电器、放电控制器等组成。它的主要作用是对新能源汽车的电池进行管理和控制，包括电池充电、放电、温度控制等，从而保证电池的安全和寿命。

充放电控制具有交直流转换、双向充放电控制功能；具有自动识别单相、三相相序并根据充电电流控制充电方式，根据充电设备识别充电功率控制充电方式，根据车辆或其他设备请求信号控制车辆对外放电的功能；具有断电重启功能，即在电网断电后又供电时，可继续充电的功能；原版的高压四合一车型在直流充电时，具有直流充电升压功能，从而可使用一些输出电压低于比亚迪 e5 的通用直流充电柜进行充电。

5.1.3 DC-DC 转换器

DC-DC 转换器的工作原理是通过使用开关管、电感和电容等元件，对输入的直流电进行切换和滤波，从而得到所需的输出直流电。在新能源汽车中，DC-DC 转换器通常用于为车载电子设备、车灯、空调系统等提供稳定的低压直流电，如图 5-3 所示。

图 5-3 DC-DC 转换器

选择合适的 DC-DC 转换器需要考虑多种因素，如输入电压、输出电压和电流需求，以及转换效率、尺寸和重量等。此外，还需要考虑 DC-DC 转换器的可靠性和耐久性，以确保车辆在恶劣的工作环境下能够稳定运行。

5.1.4 高压配电控制

新能源汽车的高压配电控制是确保电动汽车安全、高效运行的关键部分。以下是一些关于新能源汽车高压配电控制的知识介绍。

高压配电盒：负责将高压电池的直流电分配给各个高压组件，如驱动电机、空调压缩机、加热器等。它通常包含多个继电器和熔断器，以保护系统免受短路和过流的影响。

控制系统：通常由车辆的主控制器或专门的高压控制模块管理。通过系统监测和控制高压电路的通断，确保各个组件在正确的时间得到电力供应。

绝缘监测：由于高压系统的电压很高，绝缘监测是至关重要的。系统会定期检测高压电路与车辆底盘之间的绝缘电阻，以确保驾驶员和乘客的安全。

故障诊断：高压配电控制系统配备了故障诊断功能，可以检测到电路中的故障，并采取相应的措施，如断开故障组件的电源，以防故障扩大。

安全设计：为了保障人员安全，新能源汽车的高压系统采用了一系列的安全设计，如高压互锁、可触摸保护、标识等。

通信接口：高压配电控制系统与其他车辆系统通过通信接口进行信息交换，以实现协同工作和整体系统的优化。

高压配电控制系统的有效管理对于新能源汽车的性能、安全性和可靠性都至关重要。

5.1.5　漏电检测及主动泄放控制、被动泄放控制

新能源汽车高压漏电检测通常是指对车辆高压系统的漏电情况进行检测，以确保驾驶员和乘客的安全。检测方法分为动态检测和静态检测。

在动态检测中，高压电控系统集成漏电传感器，主要监测与动力蓄电池输出相连接的负母线和车身底盘之间的绝缘电阻值。当电阻值低于一定范围时，系统会判断为漏电，并采取相应的保护措施。

在静态检测中，为确认高压漏电部位或部件，断电拆解后用兆欧表对疑似故障的高压元件进行逐一检测。测量前需要戴上绝缘手套，断开各高压接插件，依次对各高压端子检测。

主动泄放是指当检测到车辆发生较大碰撞、高压回路中某处接插件处于拔开状态，或者含有高压的高压电控产品处于开盖情况时，驱动电机控制器可在5s内将高压回路直流母线电压泄放到60V以下，迅速释放危险电能。

被动泄放是指在含有主动泄放回路的同时，驱动电机控制器、空调驱动控制器等内部含有高压电控产品，设计有被动泄放回路，可在2min内将高压回路直流母线电压泄放到60V以下，被动泄放为主动泄放失效时的二重保护。

5.2　高压电控总成外部接口

比亚迪e5高压电控总成外部接口分为高压接口和低压接口两部分。高压接口有动力蓄电池高压直流输入接口（直流母线正极接口、直流母线负极接口）、电机三相（三相交流输出）接口、交流充电（输入交流）N与L1相接口、交流充电（输入交流）L2与L3相接口、直流充电输入接口、空调电动压缩机接口、加热器PTC接口。低压接口有DC-DC输出接口、VTOG低压接口（64PIN低压输出接口）、高压配电箱低压控制接口（32PIN低压输出接口）。

除此之外，高压电控总成上还有冷却管路的进水口和出水口，用于连接高压电控总成内的冷却管路。

从比亚迪 e5 高压电控总成的实物上可以看出，外部接口正面有交流充电接口、驱动电机接口、直流充电接口、冷却液管接口；背面有动力蓄电池电缆接口、压缩机接口、空调加热接口、电池加热接口、33PIN 低压接口、电池管理控制器；左侧有 64PIN 低压接口、冷却液管接口；右侧有 DC 直流输出接口、高压熔断器盒，如图 5-4 所示。

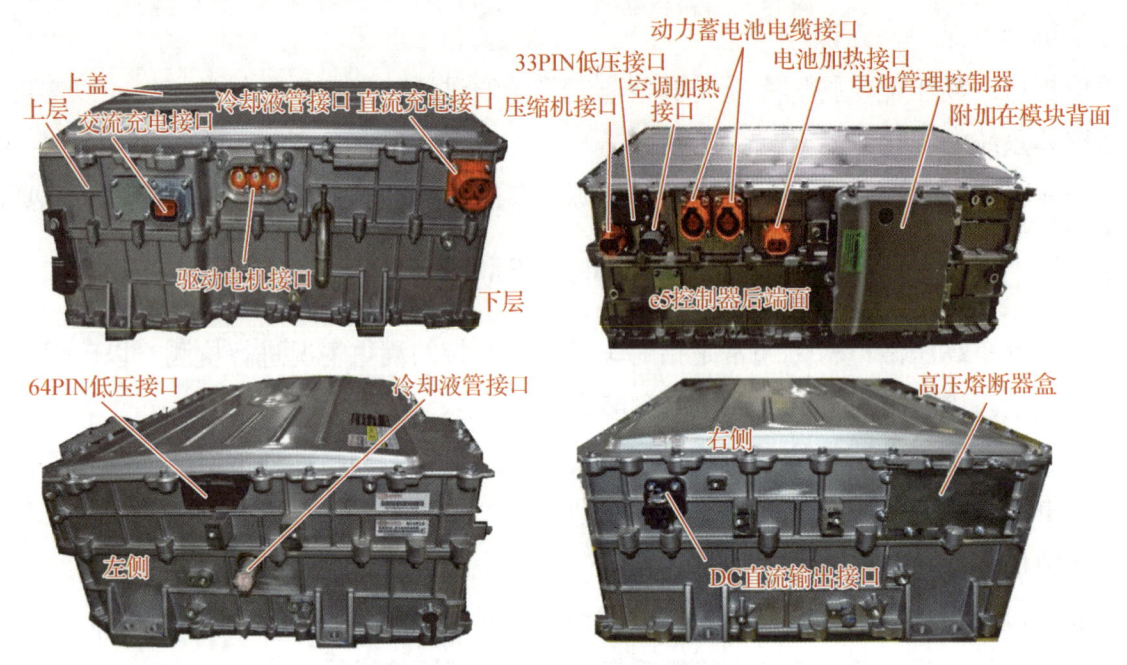

图 5-4　比亚迪 e5 电控总成外部接口

5.3　高压电控总成内部模块介绍

高压电控总成是新能源汽车中非常重要的一个部分，它主要由以下模块组成（见图 5-5）。

VTOG：用于控制驱动电机的运转。

DC-DC 转换器模块：将高压电池组的高压电转换为低压电，为车载设备供电。

高压配电盒：将高压电分配到各个高压附件，如驱动电机、空调压缩机、加热器等。

漏电传感器：检测系统是否存在漏电现象。

2018 款比亚迪 e5 高压电控总成内部的主要部件有 VTOG（控制板、IGBT 驱动板、IGBT）、电容（660μF 母线电容总成、70μF 电容、25μF 电容）、接触器、霍尔电流传感器、车载充电器总成、电感及电感温度传感器、继电器电路板模块等。

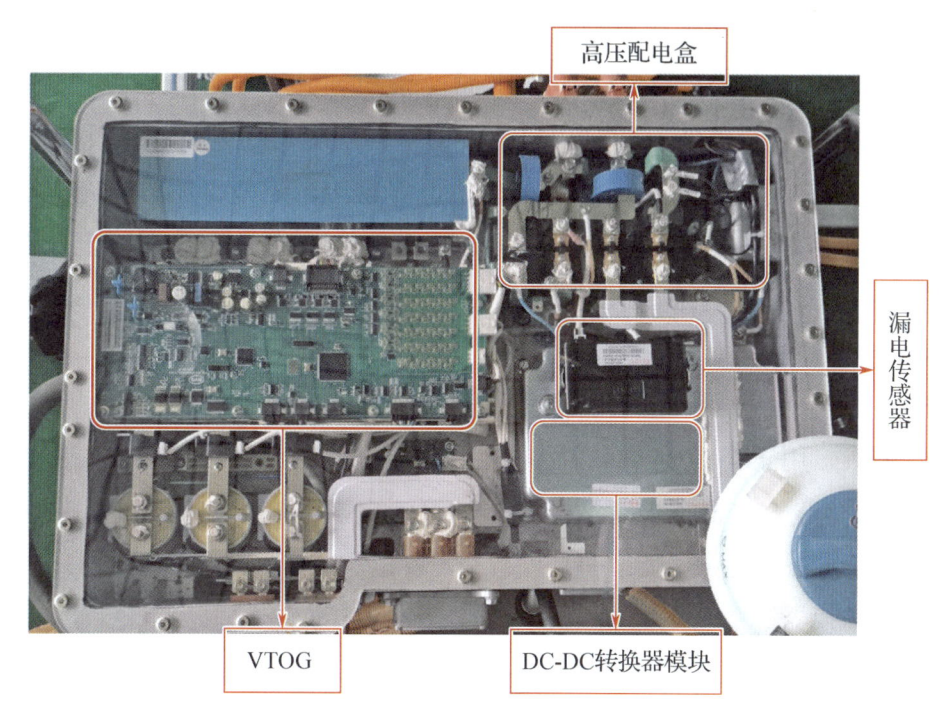

图 5-5　高压电控总成内部模块布局

5.3.1　高压电控总成上层模块

高压电控总成上层模块通常是指控制系统中的核心部分，它负责对整个高压电控系统进行管理和控制。比亚迪 e5 上层模块如图 5-6 所示。

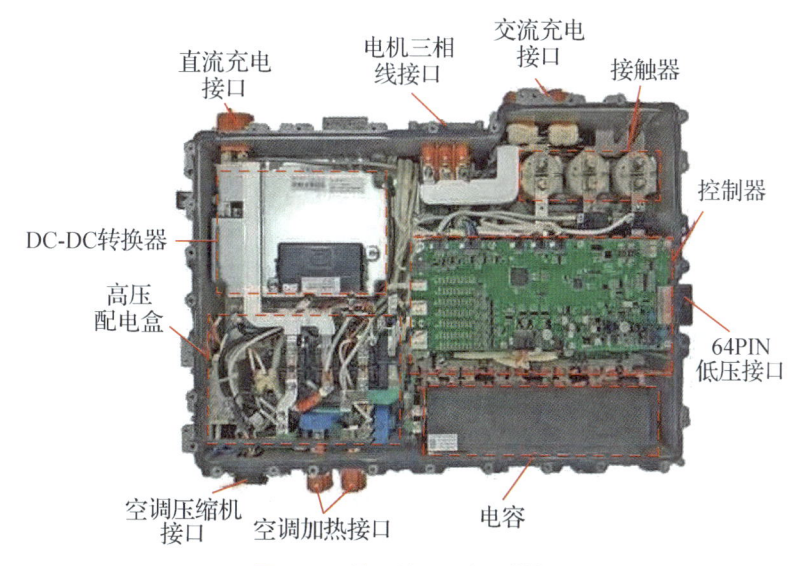

图 5-6　比亚迪 e5 上层模块

上层模块主要包括 VTOG、高压配电盒、DC-DC 转换器、漏电传感器、电容。

（1）VTOG。

VTOG 由上、下两块电路板组成，上方为控制板，下方为 IGBT 驱动板。IGBT 驱动板采用 1ED020I12FA2 芯片。IGBT 总成固定于 IGBT 驱动板上，其栅极 G 和发射极 E 通过弹簧与电路板上的电路连接,该总成上还有用于检测其工作温度的温度传感器(热敏电阻)。该控制器为电压型逆变器,利用 IGBT 将直流电转换成交流电,其主要功能是通过收集挡位信号、加速踏板信号、制动踏板信号等来控制电机,根据不同工况控制电机的正反转、功率、扭矩、转速等,即控制电机的前进、倒退、维持车辆的正常运转。此外,还具备充电控制功能,能进行交直流转换、双向充放电控制。该控制器总成分为上、中、下 3 层,上、下层为电机控制单元和充电控制单元,中间层为水道冷却单元。

(2)高压配电盒。

高压配电盒主要由接触器、霍尔电流传感器、预充电阻、高压电池正负极输入接口组成。接触器由 BMS 控制,用于充放电。高压配电盒的功能主要是将高压电池的高压直流电供给整车高压电器,接收车载充电器或非车载充电器的直流电,给高压电池充电,同时具有电流检测、漏电检测等其他辅助检测功能。

(3)DC-DC 转换器。

DC-DC 转换器是电动汽车动力系统中很重要的组成部分,通过 DC-DC 转换器给低压电池充电,与低压电池一起为低压电器系统供电。

(4)漏电传感器。

比亚迪 e5 采用直流漏电传感器。当高压系统漏电时,漏电传感器发送信号给 BMS,BMS 接收到漏电信号后根据漏电情况马上报警或断开高压系统,以防对人或物品造成伤害和损失。

(5)电容。

比亚迪 e5 高压电路中使用的电容为薄膜电容。薄膜电容的耐压可以达到 1000V DC 以上,改善了电容的防潮性和抗温度冲击能力,工作环境温度可达 105~125℃。其主要由母线电容总成、直流充电升压器的 70μF 电容及 3 个 25μF 电容总成等组成。

5.3.2 高压电控总成下层模块

高压电控总成下层模块由车载充电器、霍尔电流传感器、接触器、电感、3 个 25μF 电容和 1 个 70μF 电容等组成,如图 5-7 所示。

(1)车载充电器。

车载充电器是指固定安装在纯电动汽车上的充电器,根据 BMS 提供的数据,能动态调节充电电流或电压参数,执行相应的动作,完成充电过程。其用于功率不高于 3.3kW 的单相交流充电设备充电的场合,适用的充电设备包括便携式充电器、3.3kW 壁挂式充电盒。使用功率大于 3.3kW 的单相或三相交流充电设备充电要经过 VTOG。拆下上盖的车载充电器,可以看出其有两块电路板,需要先拆下车载充电器内部的上部电路板,再拆下变压器与下部电路板。

（2）霍尔电流传感器。

高压电控总成中采用了霍尔电流传感器来检测电流。为检测电流方向，有的采用正、负电源供电。一般需要在线检测霍尔电流传感器的性能好坏，先检查其是否有"+15V""-15V"的电源，若电源正常，则测试霍尔信号（1V对应100A），并与电源管理器的当前电流进行对比，从而判断霍尔电流是否正常。

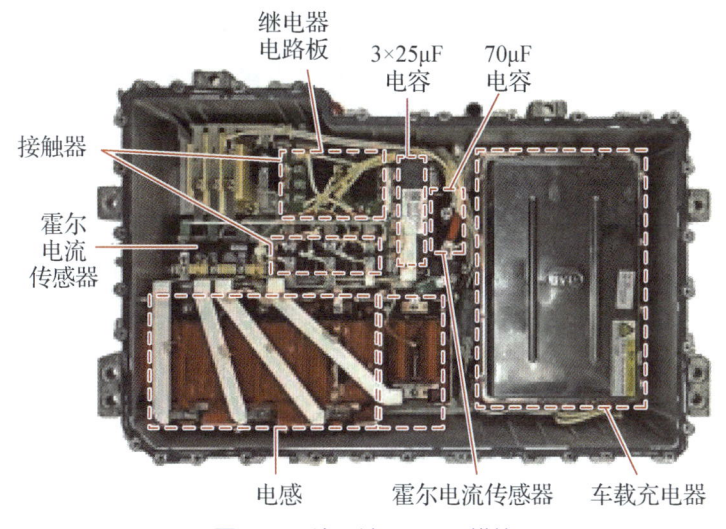

图 5-7 比亚迪 e5 下层模块

5.3.3 高压电控总成中间冷却水道

高压电控总成中间冷却水道是一个非常重要的部分，它的作用是帮助散热，确保高压电控总成在工作过程中不会过热。

冷却水道通常由铝合金或其他导热性能良好的材料制成，内部充满了冷却液。当高压电控总成工作时，产生的热量首先会通过热传导传递到冷却水道，然后冷却液会带走这些热量，将其散发到外界。

冷却水道的设计和布局需要考虑多种因素，如散热效率、冷却液的流动速度、水道的耐压能力等。为了提高散热效果，一些高压电控总成可能会采用多层水道设计，或者在水道中添加散热片。

此外，冷却液的选择也很重要，它需要具有良好的导热性和比热容，以有效地带走热量。同时，冷却系统需要定期维护，包括检查冷却液的液位和质量、清洗冷却水道等，以确保其正常工作。

5.4 高压电控总成高压连接关系及低压接插件定义

5.4.1 高压电控总成高压连接关系电路图

高压电控总成的高压主要与动力蓄电池、快充口、PTC加热器、电动压缩机等连接，如

图 5-8 所示。

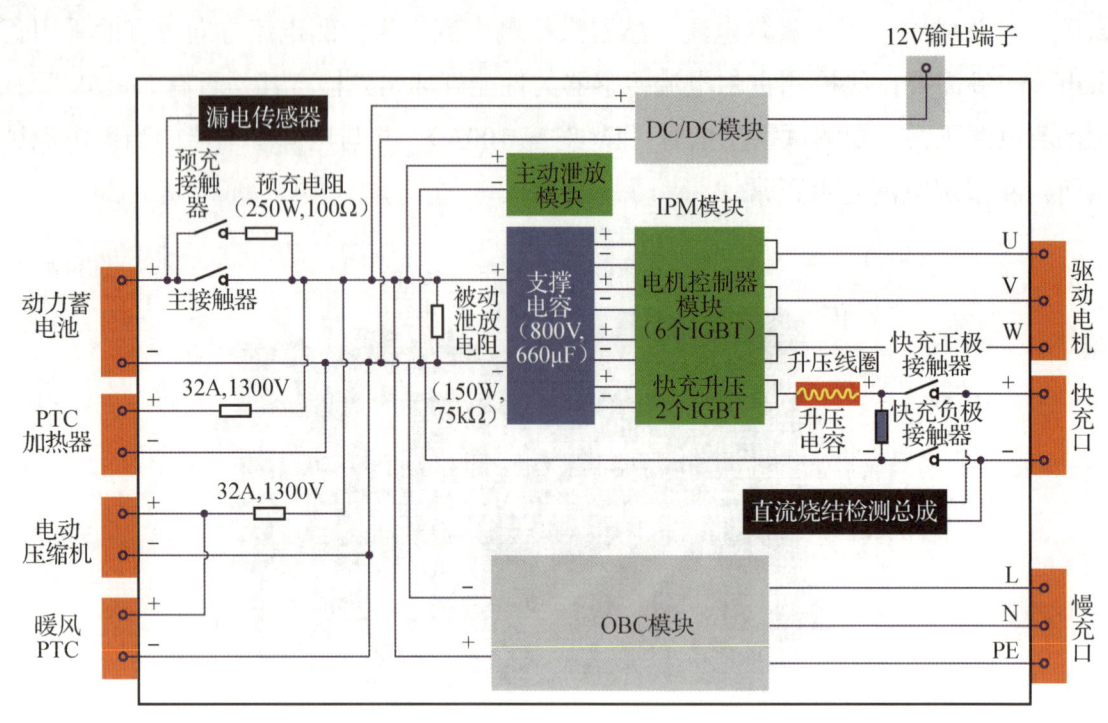

图 5-8　2018 款比亚迪 e5 高压电控总成高压连接关系

高压电控总成外部连接的高压部件有动力蓄电池、驱动电机、电动压缩机、暖风 PTC、慢充口、快充口及预留的 PTC 加热器，也连接 DC/DC 模块的低压输出端子。高压电控总成内部有主接触器、预充接触器、预充电阻（250W，100Ω）、支撑电容（800V，660μF）、IPM 模块（电机控制器模块及快充升压 IGBT）、升压线圈、升压电容、快充正极接触器、快充负极接触器、DC/DC 模块、OBC 模块、漏电传感器、直流烧结检测总成、主动泄放模块、被动泄放电阻（150W，75kΩ）、电动压缩机和暖风 PTC 的熔丝（32A，1300V），以及预留的 PTC 加热器的熔丝（32A，1300V）。

车辆上电时，为避免大电流导致的主接触器烧蚀（接触器闭合瞬间，支撑电容相当于短路），预充接触器先闭合，由预充电阻进行限流，小电流对支撑电容充电，当支撑电容两端电压上升至一定值后，主接触器闭合，预充接触器断开。驱动车辆时，IPM 模块的驱动电机控制器将高压直流电逆变为三相交流电输出给驱动电机，驱动车辆行驶。减速或制动时，驱动电机将车轮动能转换为三相交流电，由逆变器转换为高压直流电给动力蓄电池充电，进行能量回收。高压直流电通过 DC/DC 模块转换为低压 12V 电给低压蓄电池充电，通过 32A，1300V 熔丝给电动压缩机和暖风 PTC 供电。慢充时，通过 OBC 模块将交流电转换为高压直流电给动力蓄电池充电。快充时，快充接触器闭合，通过升压线圈、升压电容升压后给动力蓄电池充电。直流烧结检测，检测快充正极接触器、快充负极接触器是否烧结。车辆下电时，主动泄放模块工作，在很短时间内将高压泄放至 60V 安全电压以下。被动泄放电阻并联在支撑电容两端，可以单独放电，也可以作为主动泄放的补充，即在主动泄放失效时，被动泄放电阻仍能将高压泄放至 60V 安全电压以下。漏电传感器检测高压正极母线对地漏电情况。

5.4.2 高压电控总成 64PIN 和 33PIN 低压信号接插件引脚说明

比亚迪 e5 高压电控总成 64PIN 低压接口示意图如图 5-9 所示。

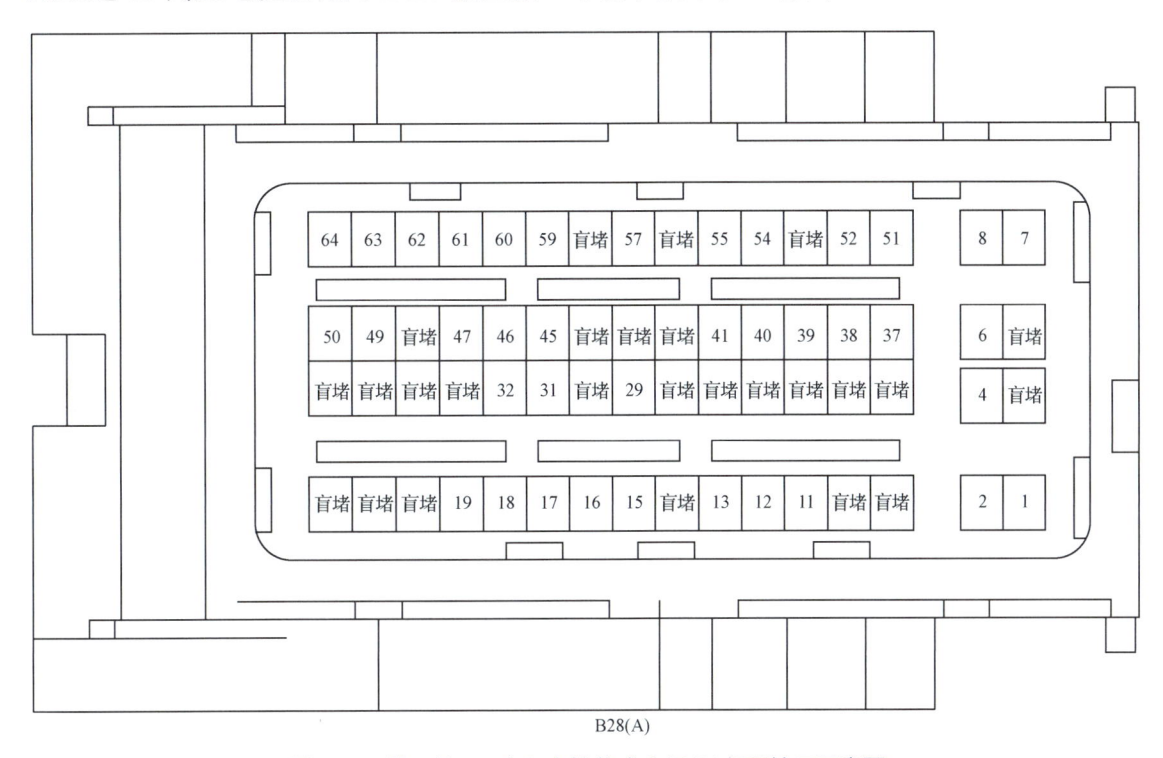

图 5-9 比亚迪 e5 高压电控总成 64PIN 低压接口示意图

比亚迪 e5 高压电控总成 64PIN 低压信号接插件引脚说明如表 5-1 所示。

表 5-1 比亚迪 e5 高压电控总成 64PIN 低压信号接插件引脚说明

端子号	端子定义	端子号	端子定义	端子号	端子定义
1	外部提供 ON 挡电源	11	充电枪温度 1 地	18	加速踏板深度 2
2	外部提供常电源	12	BCM 充电连接信号	19	BMS 信号
4	外部提供 ON 挡电源	13	充电控制信号	26	动力网 CAN 信号屏蔽地
6	加速踏板深度屏蔽地	14	巡航信号	29	电机模拟温度地
7	外部电源地	15	电机绕组温度	31	制动踏板深度 2
8	外部电源地	16	充电枪座温度信号 1	32	加速踏板深度 1
10	巡航地	17	制动踏板深度 1	33	预留开关量输出 1

续表

端子号	端子定义	端子号	端子定义	端子号	端子定义
34	预留开关量输出 2	44	车内插座触发信号	55	制动踏板深度电源地 2
35	驻车制动信号	45	旋变屏蔽地	57	制动信号
37	制动踏板深度屏蔽地	47	充电确认信号	59	励磁-
38	制动踏板深度电源 1	49	动力网 CAN_H	60	励磁+
39	加速踏板深度电源 2	50	动力网 CAN_L	61	余弦+
40	加速踏板深度电源 1	51	制动踏板深度电源地 1	62	余弦-
41	制动踏板深度电源 2	52	加速踏板深度电源地 2	63	正弦+
43	预留开关量输入 1	54	加速踏板深度电源地 1	64	正弦-

表 5-1 中没有的端子号未定义。

比亚迪 e5 高压电控总成 33PIN 低压接口示意图如图 5-10 所示。

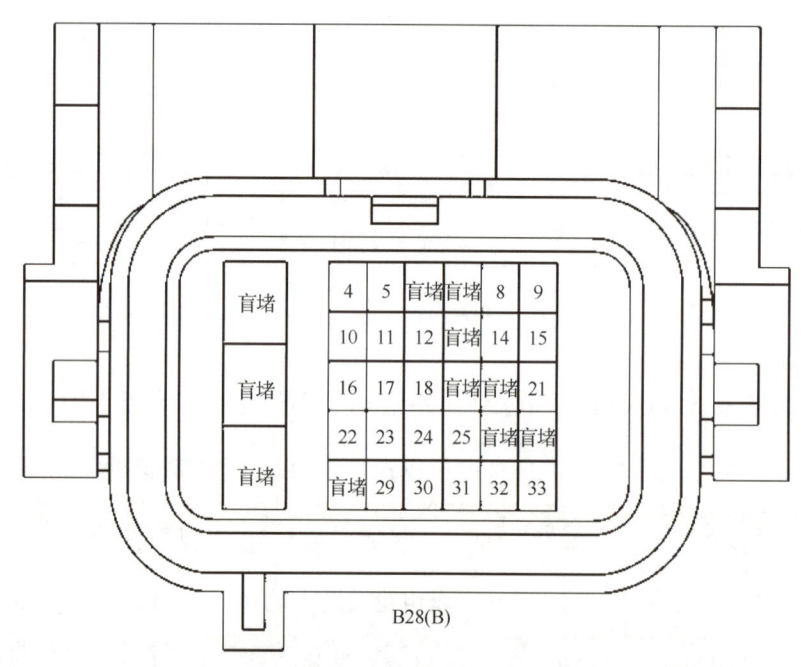

图 5-10 比亚迪 e5 高压电控总成 33PIN 低压接口示意图

比亚迪 e5 高压电控总成 33PIN 低压信号接插件引脚说明如表 5-2 所示。

表 5-2 比亚迪 e5 高压电控总成 33PIN 低压信号接插件引脚说明

端子号	端子定义	端子号	端子定义
4	V_{CC} 双路电源	9	GND 双路电电源地
5	V_{CC} 双路电源	10	GND
8	GND 双路电源地	13	CAN 屏蔽地

续表

端子号	端子定义	端子号	端子定义
14	CAN_H	23	高压互锁-
15	CAN_L	24	主接触器/预充接触器电源
16	直流霍尔电源+	25	交直流充电正负极接触器电源
17	直流霍尔电源-	29	主预充接触器控制信号
18	直流霍尔信号	30	直流充电正极接触器控制信号
20	一般漏电信号	31	直流充电负极接触器控制信号
21	严重漏电信号	32	主接触器控制信号
22	高压互锁+	33	交流充电接触器控制信号

表 5-2 中没有的端子号未定义。

工作任务

总目标：在学习理论知识的基础上，通过任务实施动手实践，掌握高压电控总成拆卸的步骤（以比亚迪 e5 为例）

内容	操作
一、准备	
开始作业前，准备好高压电控总成（以比亚迪 e5 为例）、万用表及其相关技术资料。工具箱和防护用品柜内需要有足够的专用维修工具和各类防护用具	① 穿好实训工作服。 ② 穿好劳保鞋。 ③ 检查并佩戴工作手套。 ④ 检查专用维修工具和各类防护用具
二、实训内容	
1. 学生工作	① 在各自工位分组学习。 ② 在充分学习本项目相关知识的基础上，通过查阅相关技术资料和观察高压电控总成外观及内部结构组成，完成技能学习工单（见本书配套教学资源）。 ③ 7S（整理、整顿、清洁、清扫、素养、安全、节约）管理工作。 ④ 自我评价

续表

内容	操作
2. 指导教师工作	学生在进行上述操作的过程中，指导教师应进行下列工作。 ① 向学生讲解安全注意事项，并要求学生在技能学习工单中做记录。 ② 观察、指导学生进行相关操作，及时制止可能发生危险的操作。 ③ 实操结束后审阅学生完成的工单，并结合其操作情况给出评价

操作练习

内容	操作及数据记录	参考结果
一、准备		
① 穿好实训工作服，戴好工作手套；② 世达工具一套、笔记本和笔		
二、实训内容——比亚迪 e5 高压电控总成的拆卸		
拆卸快充线束卡扣	拆下快充线束在车身上的卡扣	
拆卸慢充线束卡扣	拆下慢充线束在车身上的卡扣	
拆卸快充线	从高压电控总成接口拔出快充线束	

续表

内容	操作及数据记录	参考结果
拆卸慢充线	从高压电控总成接口拔出慢充线束	
拆卸驱动电机线束	用棘轮扳手拆下驱动电机线束接插件上的4颗固定螺栓	
	拔出驱动电机三相电源线束	
拆卸动力蓄电池母线	从高压电控总成后方完成动力蓄电池正负极母线等附件的拆卸	

续表

内容	操作及数据记录	参考结果
拆卸DC-DC转换器输出线束	用套筒扳手拆卸DC-DC转换器输出线束上的固定螺栓	
拆卸左侧搭铁线	用套筒扳手拆下左侧搭铁线上的固定螺栓	
拆卸右侧搭铁线	用套筒扳手拆下右侧搭铁线上的固定螺栓	
拆卸前舱配电盒Ⅱ螺栓	用套筒扳手拆下前舱配电盒Ⅱ上的固定螺栓	

118

项目 5 高压电控总成认知

续表

内容	操作及数据记录	参考结果
拆卸PTC水加热系统储液罐螺栓	用套筒扳手拆下 PTC 水加热系统储液罐上的固定螺栓	
拆卸高压电控总成前部2颗固定螺栓	用套筒扳手拆下高压电控总成前部2颗固定螺栓	
拆卸高压电控总成左侧2颗固定螺栓	用套筒扳手拆下高压电控总成左侧2颗固定螺栓	
拆卸高压电控总成右侧2颗固定螺栓	用套筒扳手拆下高压电控总成右侧2颗固定螺栓	

119

续表

内容	操作及数据记录	参考结果
拆卸电动压缩机高压线束固定卡扣	拆卸电动压缩机高压线束固定卡扣	
抬出高压电控总成	小心从前舱抬出高压电控总成,完成高压电控总成的拆卸	

按照先拆后装的原则按照与拆卸相反的顺序完成对比亚迪 e5 高压电控总成外围附件的安装

三、整理场地

① 检查车辆、工具、设备是否恢复原位。
② 检查场地是否清理整洁

习 题

一、判断题

1. 2018 款比亚迪 e5 驱动电机控制器在高压电控总成内部。（　　）

2. 驱动电机控制器内的 IGBT 集成功率模块包括逆变和整流电路,具有逆变和整流功能。（　　）

3. 2018 款比亚迪 e5 高压电控总成主要负责控制高压电池的能量输出、驱动电机的运行,以及实现整车的动力控制。（　　）

二、选择题

1. 2018 款比亚迪 e5 驱动电机控制器中的电流传感器是（　　）。【单选题】

　　A. 电磁感应式　　　　B. 霍尔电流传感器　　　　C. 光电式　　　　D. 磁阻式

2. 2018 款比亚迪 e5 高压电控总成中有（　　）个电流传感器。【单选题】

　　A. 1　　　　　　　　B. 2　　　　　　　　　　C. 3　　　　　　　D. 4

3．下列（　　）是 2018 款比亚迪 e5 驱动电机控制器高压线束接口。【多选题】

A．进、出水口 　　　　　　　　　　　B．低压线束接口

C．高压线输入接口 　　　　　　　　　D．三相交流电输出接口

三、简答题

1．简述比亚迪 e5 高压电控总成的组成。

2．简述高压电控总成中间冷却水道的作用。

任务评价

请根据自己任务完成情况，对自己的工作进行评估、总结。

评分内容		自评	互评	教师评	总分
遵守安全规范操作（10 分）					
遵守课堂纪律（10 分）					
学生面貌（10 分）					
课堂氛围（10 分）					
团队合作（10 分）					
熟悉高压电控总成结构及周边连接线的功能（15 分）					
技能操作	能正确完成比亚迪 e5 高压电控总成外围附件的拆卸（8 分）				
	比亚迪 e5 高压电控总成外围附件的安装（7 分）				
过程与方法（10 分）					
完成本任务工作页（10 分）					

项目 6

电驱冷却系统认知与检修

情境引入

一辆比亚迪 e5 送进 4S 店进行维修，车主反映车辆在行驶中行驶速度突然降低至十几千米每小时。维修接待人员试车发现车辆限功率运行，且仪表上电机冷却液温度过高警告灯点亮，但若熄火 20min 以上再次启动车辆，则故障会自然消失。经过高级维修技师分析判定为电驱冷却系统故障，需要针对电驱冷却系统故障进行维修。

任务目标

素质目标

1. 培养对新能源汽车电驱冷却系统的重视和责任感，认识到其对车辆性能和可靠性的重要性。
2. 培养团队合作精神，与团队成员有效沟通和协作，共同解决电驱冷却系统相关问题。
3. 培养创新思维，积极寻求改进电驱冷却系统的方法和技术，提高能源利用效率。

知识目标

1. 了解新能源汽车电驱冷却系统的基本原理和组成部分，包括散热器、水泵、风扇等。
2. 掌握电驱冷却系统的工作模式和控制策略，理解如何有效降低电机和电池温度。
3. 熟悉新能源汽车电驱冷却系统的常见故障和解决方法，具备基本的故障诊断能力。

技能目标

1. 能够进行电驱冷却系统的日常维护和检查，包括冷却液的更换和液位检查。
2. 掌握使用相关工具和设备对电驱冷却系统进行检测和调试的技能。
3. 能够根据车辆运行状况和故障现象，准确判断电驱冷却系统的问题，并采取相应的维修措施。
4. 了解最新的电驱冷却技术和发展趋势，能够应用新技术提升系统性能。

思考与成长

职业道德是指在职业活动中应遵循的道德规范和准则。它对于个人和社会都具有重要意义。对于个人来说，良好的职业道德可以帮助我们建立良好的职业声誉，获得他人的尊重和信任，还能提升自己的职业素养和职业成就感。对于社会来说，职业道德是社会秩序的重要组成部分，它有助于维护社会公平、提高社会效率、促进各行各业的健康发展。在工作中，我们应该遵守职业道德，努力做到诚实守信、尽职尽责、尊重他人、保护环境等。这样不仅能让我们的工作更加顺利，也能为社会的发展做出自己的贡献。

知识解析

新能源汽车电机驱动（电驱）系统在工作过程中，驱动电机在驱动车辆时，以及电能、磁能和机械能之间在转换过程中都会产生损耗，这些损耗以热量的形式向外发散，同时驱动电机控制器长时间工作也会生热，为了确保驱动电机和驱动电机控制器的稳定性、可靠性和安全性，电驱系统同样需要冷却系统来维持其合适的工作温度。电驱冷却系统的好坏直接影响驱动电机的安全运行和使用寿命。

本项目主要从两方面介绍电驱冷却系统的相关内容：电驱冷却系统认知、典型电驱冷却系统的组成和工作过程，以及电驱冷却系统检修。

6.1 电驱冷却系统认知

纯电动汽车在运行工作过程中，驱动电机、驱动电机控制器的能量转化效率不能达到100%，会将部分能量转化为热量，这样会使驱动电机、驱动电机控制器等部件温度上升，影响驱动电机及驱动电机控制器的正常工作和元器件性能。电驱冷却系统可以在汽车工作过程中，根据需求控制相应部件工作，将驱动电机和驱动电机控制器等部件的温度控制在正常温度范围以内。

6.1.1 电驱冷却系统的作用

电驱冷却系统主要用于保证驱动电机和驱动电机控制器在规定的温度范围内工作，使其具有良好的工作性能。纯电动汽车在运行过程中，电驱冷却系统中的驱动电机和驱动电机控制器会产生热量而使其温度上升。当温度上升到一定程度时，驱动电机的绝缘材料会发生本质的变化，最终使其失去绝缘能力，同时会使驱动电机相对运转的金属部件因温度升高而变形或膨胀，从而使其强度、硬度降低，甚至会影响部件的润滑，最终大大降低驱动电机相关部件的使用寿命；驱动电机控制器温度过高会导致驱动电机控制器中的半导体结点烧坏、电路损坏，甚至烧坏元器件，从而引起驱动电机控制器失效，甚至发生火灾。

6.1.2 电驱冷却系统的类型

电驱冷却系统在工作过程中，可以通过驱动电机外壳和周围介质不断将热量散发出去，这个散发热量的过程，我们就称为冷却。电驱冷却系统主要的冷却方式有自然冷却、风冷却和液体冷却。

1. 自然冷却

自然冷却依靠驱动电机铁芯自身的热传导，散去驱动电机产生的热量，热量通过封闭的机壳表面传递给周围介质，其散热面积为电机外壳的表面。为增加散热面积，电机外壳表面可加冷却筋。自然冷却的驱动电机外壳如图 6-1 所示。

图 6-1 自然冷却的驱动电机外壳

自然冷却具有结构简单，不需要辅助设施等优点，但其效率低，仅适用于转速低、负载转矩小、电机发热量较小的小型电动机。

2. 风冷却

风冷却也称为空气冷却，使用这种方式冷却的驱动电机适用于低速车、A00 级车及混合动力（48V）车型。风冷可以分为自然风冷和强制风冷，自然风冷主要依靠外壳表面和端盖散热筋的散热；强制风冷是驱动电机自带同轴风扇来形成内风路循环或外风路循环，通过风扇产生足够的风量，带走驱动电机所产生的热量。介质为电机周围的空气，空气直接被送入电机内，吸收热量后向周围环境排出。

自然风冷具有结构简单、制造成本低的优点，但其散热效率低、冷却效果不佳。强制风冷的散热效果比自然风冷的散热效果好，风扇的增加使电机体积增大，不利于整车布置。

3. 液体冷却

液体冷却是目前新能源汽车驱动电机应用最广泛的冷却散热方式，液体冷却可根据冷却介质不同，分为水冷和油冷两种方式，其中水冷是纯电动汽车电驱系统的常用形式，油冷在混合动力车型上较为常见。

水冷电驱是将冷却液通过管道和通路引入定子或壳体内部的冷却管路，通过循环水不断流动，带走电机转子和定子产生的热量，同时间接冷却电机轴承，确保电机在高效率区间稳定运行。水冷电驱流程图如图6-2所示。

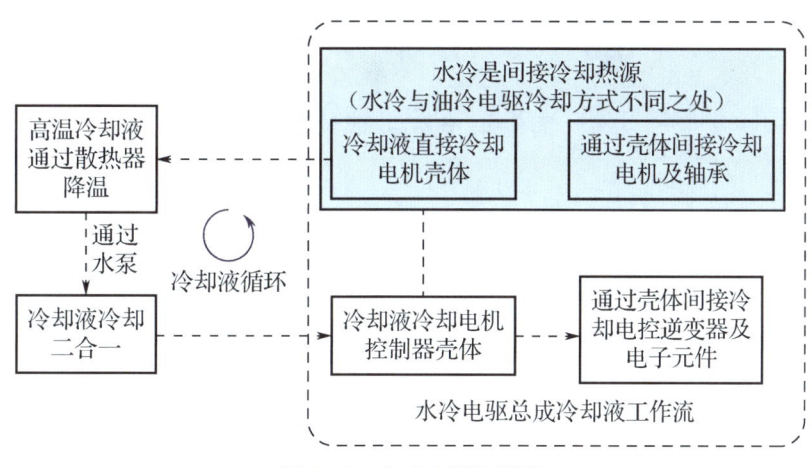

图6-2 水冷电驱流程图

油冷电驱的热传导率高，即冷却效率高，源于冷却油可直接与电机发热部件接触，将电机转子、电机定子进行浸入式冷却，直接冷却热源，可以进行更完全的热交换。油冷电驱散热系统架构图如图6-3所示。

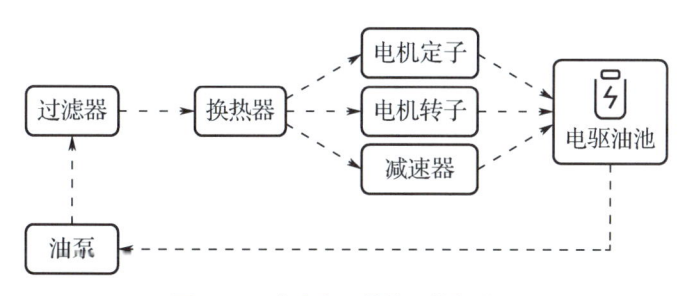

图6-3 油冷电驱散热系统架构图

液体冷却的冷却效果比自然风冷的冷却效果更显著，但是需要良好的机械密封装置，液体循环系统结构复杂，存在渗漏隐患，如果发生液体渗漏，则会造成电机绝缘破坏，可能烧毁电机。

6.1.3 电驱冷却系统的组成

纯电动汽车的电驱冷却系统通常采用水冷式电驱冷却系统，下面介绍水冷式电驱冷却系统的组成。

水冷式电驱冷却系统主要由电动水泵、散热器、电动风扇、储液罐和驱动电机内冷却管路等组成，如图 6-4 所示，还包括冷却循环管路，其中有些冷却循环管路要经过驱动电机控制器底部和驱动电机壳体，以便冷却驱动电机控制器和驱动电机。

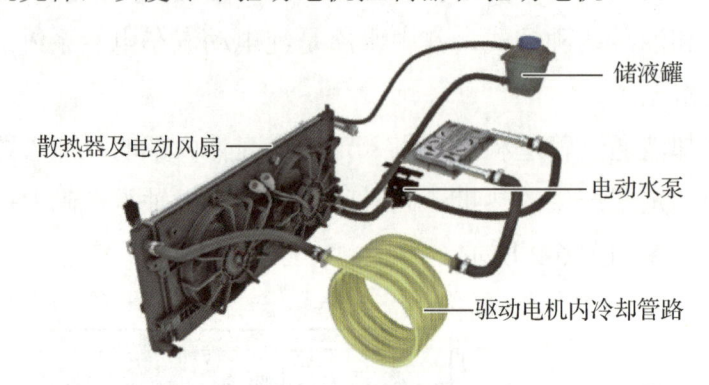

图 6-4 电机冷却系统组成

1. 电动水泵

电动水泵如图 6-5 所示，它的功用是对冷却液加压，保证其在冷却系统中循环流动。水泵是整个冷却系统唯一的动力元件，负责为冷却液的循环提供机械能。根据控制方式的不同，电动水泵主要有电磁离合器式电动水泵和电子控制式电动水泵，纯电动汽车上使用的多是电子控制式电动水泵。

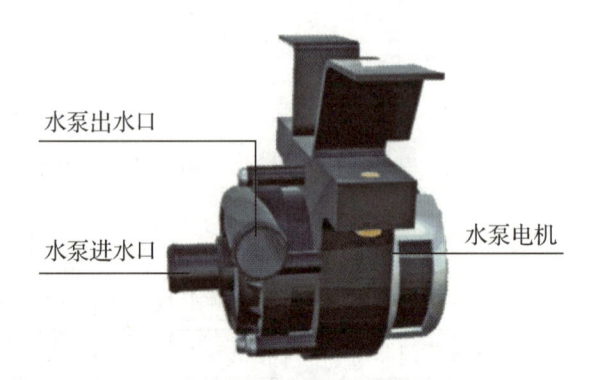

图 6-5 电动水泵

电子控制式电动水泵主要由过流单元、电机单元和电子控制单元三部分组成。因带有电子控制单元，故可以随时调整水泵的工作状态，如控制水泵启动/停止、流量控制、压力控制、防干运转保护、自维护等，也可以通过外部信号控制电动水泵的工作状态。电动水泵的功率都比较小，一般在 1000W 以下，电机一般采用直流无刷电机。电动水泵具有结构紧凑、使用方便、功能强大、寿命长、性能稳定、低噪声、低耗能、高效率等优点，因此深受业内人士的青睐，随着工业的飞速发展，电动水泵的应用领域越来越广泛，特别是在新能源汽车领域应用极为广泛。

2. 散热器

散热器主要由左储水室、右储水室、散热器翼片、散热器芯、进水管接口、出水管接口、放水螺栓及溢流管接口等部件组成，如图 6-6 所示。散热器的作用是将冷却液在水管中所吸收的热量散发至外界大气，使水温下降。

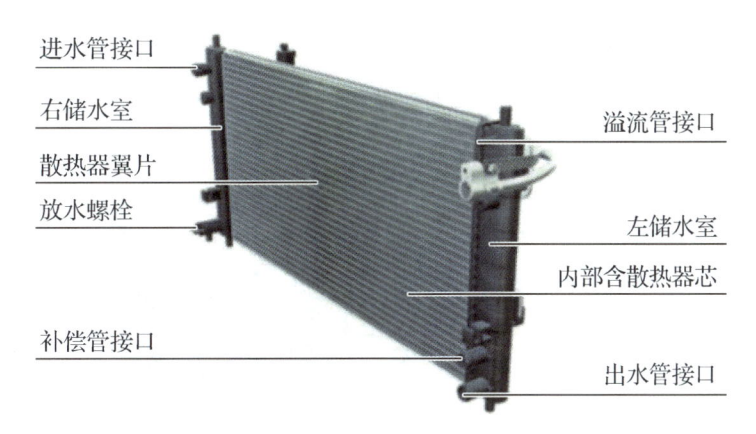

图 6-6 散热器组成

按照散热器中冷却液流动的方向，可以将散热器分为纵流式散热器和横流式散热器两种，如图 6-7 所示。

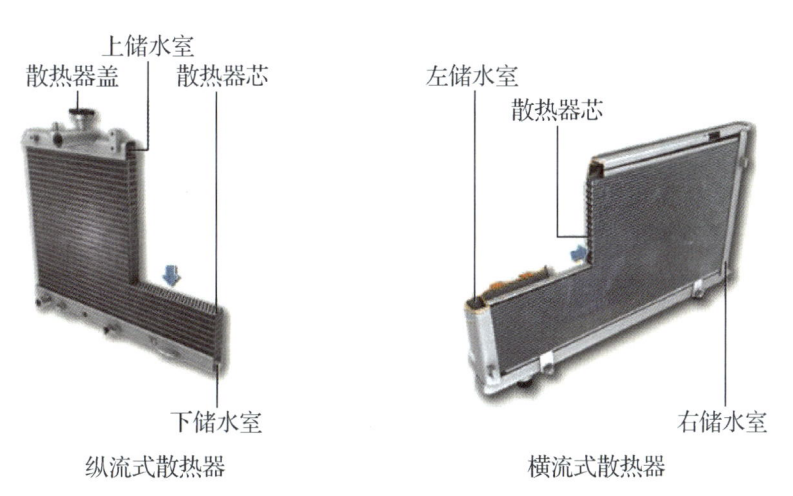

图 6-7 散热器类型

（1）纵流式散热器。

纵流式散热器的散热器芯垂直布置，散热器芯上、下分别布置了上储水室和下储水室，因而高度尺寸比较大，在发动机罩盖较低的汽车上布置比较困难，所以在有些汽车上采用横流式散热器。

（2）横流式散热器。

横流式散热器的散热器芯水平布置，用左、右两侧的储水室代替传统的上、下储水室结构，冷却液左右流动。这种散热器宽度尺寸较大，散热器芯正面有效面积增加 10%，从而加大风扇尺寸，得到更多迎风面积，使气流更为流畅。

3. 电动风扇

电动风扇位于散热器的内侧，主要由导热罩、电动机、冷却风扇等部件组成，如图 6-8 所示。电动风扇的功用是提高通过散热器芯的空气流速与流量，增强散热器的散热能力，加速冷却液的冷却。风扇按其结构原理和驱动方式分为轴流式风扇、贯流式风扇和离心式风扇。目前，新能源汽车常用的电动风扇为轴流式风扇。

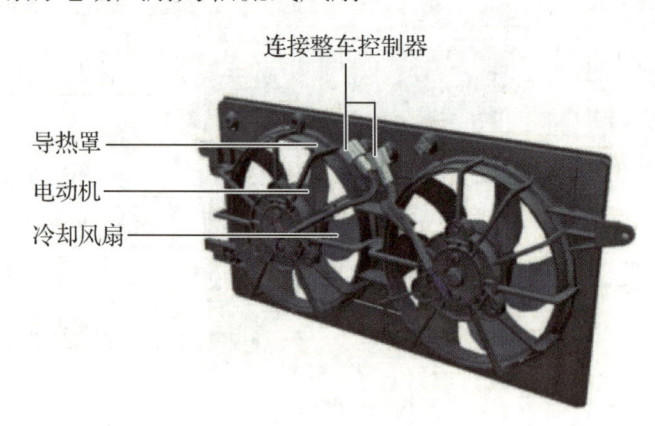

图 6-8 电动风扇

（1）轴流式风扇。

轴流式风扇是指风扇工作时，叶片推动空气以与轴相同的方向流动。工作原理是利用风扇叶片的扬力使空气在转轴方向流动，风扇叶片一般与电机直接相连，体积小，质量轻，是最常见的一种。轴流式风扇多采用铝材压制或 ABS 塑料注塑而成，扇叶的形状类似螺旋桨，多为 3 片扇叶、4 片扇叶或 5 片扇叶。轴流式风扇的外形结构如图 6-9 所示。轴流式风扇的特点是风量大、压头低、制造成本低。轴流式风扇电机的主要作用是带动风扇将冷凝器散发的热量吹向室外，加速冷凝器冷却，使制冷剂由气态变为液态。

图 6-9 轴流式风扇的外形结构

（2）贯流式风扇。

贯流式风扇又称为横流式风扇，是由细长的离心叶片组成的，其结构紧凑，叶轮直径小、长度大、风速大、风压低、转速低、噪声低，这种风扇的轴向可以很长，从而使风量大、送风均匀。贯流式风扇的外形结构如图 6-10 所示，由于其体积较大且散热效果不及轴流式风扇，因此在纯电动汽车电驱冷却系统中应用较少。

图 6-10 贯流式风扇的外形结构

（3）离心式风扇。

离心式风扇是利用离心力的原理进行工作的，空气在叶片的半径方向流动，可以得到很高的风压。它的叶片形状和贯流式风扇的叶片形状相似，但叶轮直径大，长度很短，而且叶轮四周都有蜗壳包围。空气从叶轮中心进入，沿叶轮的半径方向流过叶片，在叶片的出口处沿蜗壳的方向汇集到排气口排出。离心式风扇的外形结构如图 6-11 所示，这种风扇的特点是风量大、噪声低、压头低，其主要作用是将室内空气吸入蒸发器表面进行降温除湿。

图 6-11 离心式风扇的外形结构

4. 储液罐

储液罐的作用是储存冷却液，便于观察冷却液是否缺少。汽车冷却系统中的冷却液不但可以防止水结冰，还可以减少水垢生成、水泵叶轮的磨损，提高散热能力。当冷却液温度升高而体积增大时，液体压力升高并推开散热器上的阀门，散热器中的冷却液或蒸汽会沿蒸汽连通管进入储液罐；当冷却液的温度降低时，散热器内压力下降，冷却液沿着连通管经散热器盖上的进气阀门流向散热器。储液罐上部盖口有一个蒸汽引出管，一旦蒸汽温度太高时，蒸汽便可以通过蒸汽引出管口排出。

5. 驱动电机内冷却管路

驱动电机内冷却管路作为新能源汽车上的重要零部件，需要满足耐水解、耐油、耐高温、轻量化等要求。目前应用于汽车的管道材料可以分为三大类，分别是金属、橡胶和尼龙塑料。

对于新能源汽车来说，金属铝冷却管路特点是散热效率高、质量较轻、成本高，所以今后的发展方向是采用铝制水泵、PTC、chiller 集成式铝冷却管路。橡胶软管因为环境适应性较差或冷却效率低故应用较少，如硅胶管冷却效率较低、质量偏重、易老化。尼龙管等由于质量轻，加工工艺简单，已逐渐成为冷却润滑管路的主要使用材料。

6.1.4 电驱冷却系统的工作原理

电驱冷却系统中，驱动电机控制器的工作温度一般不超过 75℃，驱动电机的工作温度一般不超过 120℃，所有电驱冷却系统中的冷却液循环方式是先冷却驱动电机控制器再冷却驱动电机。如果冷却水管装错，则先由驱动电机流出的冷却水会再流入驱动电机控制器，过高的水温将导致驱动电机控制器中电器元件损坏甚至无法工作。

电驱冷却系统通常采用的是强制循环式水冷却，其使用电动水泵提高冷却液的压力，强制冷却液在电动水泵、驱动电机、驱动电机控制器、散热器之间循环流动，通过热交换来降低电机驱动系统的主要部件的温度，如图 6-12 所示。水冷式电驱冷却系统的工作原理如下：在纯电动汽车工作过程中，驱动电机的温度传感器和驱动电机控制器内的温度传感器，实时监测驱动电机和驱动电机控制器的工作温度传输给驱动电机控制器。当驱动电机控制器判定电驱系统的驱动电机和驱动电机控制器温度较高需要散热时，相应控制器（如空调控制器、整车控制器）控制电动水泵和散热风扇工作，电驱冷却系统开始工作。具体冷却过程如下。

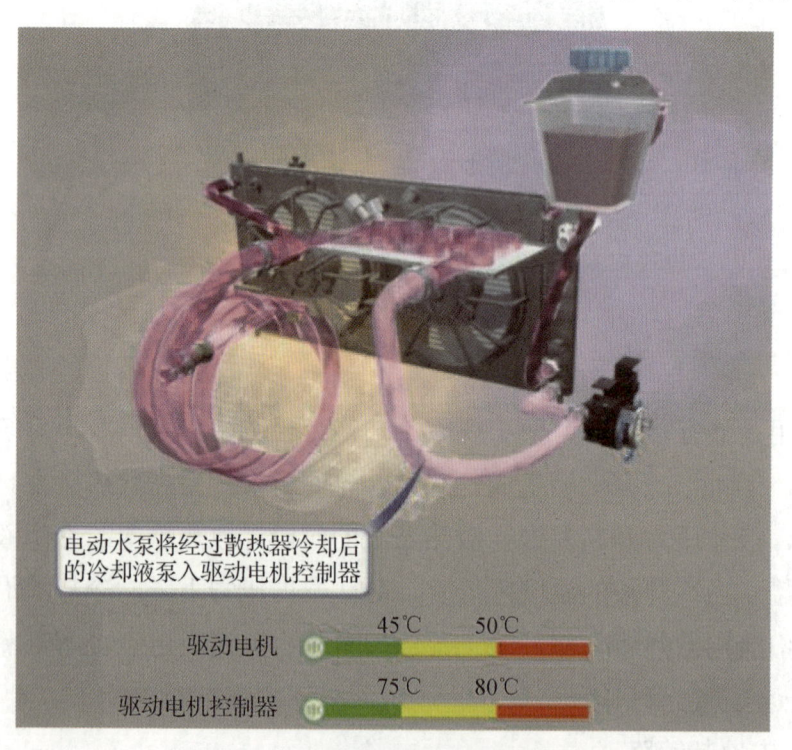

图 6-12 电驱冷却系统水循环路线

电动水泵将储液罐中的冷却液泵入驱动电机控制器，冷却液对驱动电机控制器进行冷却后，冷却液从出水口流入驱动电机外壳水套，吸收驱动电机的热量后冷却液随之升温，随后冷却液从驱动电机的出水口流出，经过冷却管路流入散热器，在散热器中冷却液通过流经散热器周围的空气散热而降温，最后冷却液经散热器出水管返回电动水泵，如此往复循环，如图 6-13 所示。

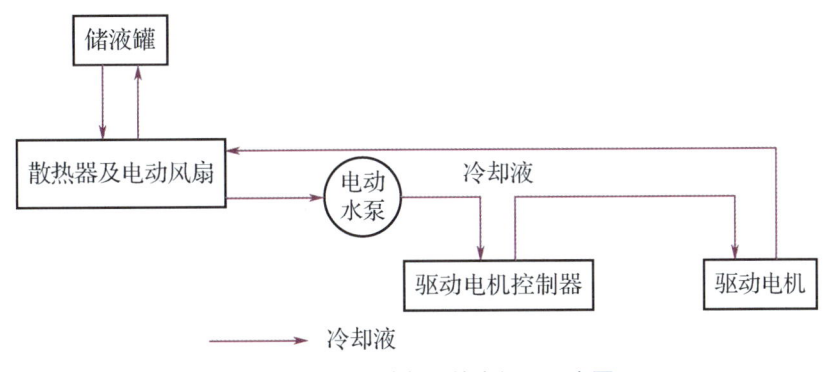

图 6-13 电驱冷却系统水循环示意图

6.2 典型电驱冷却系统的组成和工作过程

比亚迪 e5 电驱冷却系统按照整车搭载平台不同可分为两种：一种是搭载了高压电控总成的四合一平台，驱动电机控制器集成在高压电控总成中；另一种是搭载了充配电总成的三合一平台，驱动电机控制器是独立的部件。两者之间因驱动电机控制器是否独立，冷却循环过程稍有差异，下面介绍比亚迪 e5 整车四合一结构形式的电驱冷却系统的组成和工作过程。

6.2.1 电驱冷却系统的组成

比亚迪 e5 电驱冷却系统（四合一平台）位于车辆前机舱内。比亚迪 e5 电驱冷却系统包括散热器、电动水泵、高压电控总成、驱动电机、储液罐及各个管路等，如图 6-14 所示。电动水泵将散热器内部的冷却液加压后送到高压电控总成冷却水套中，冷却液对高压电控总成先进行冷却后再流向驱动电机冷却水套，对驱动电机进行冷却，冷却液最后从驱动电机出水口流向散热器上部。电驱冷却系统加注的是乙二醇型长效防锈防冻液，用量 6.2L。其中，储液罐、冷却管路、电动水泵、电动风扇和散热器的实物图，如图 6-15 所示。

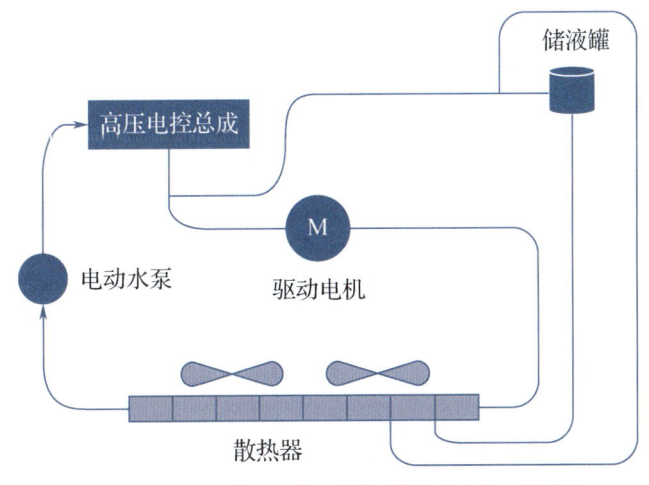

图 6-14 比亚迪 e5 电驱冷却系统（四合一平台）

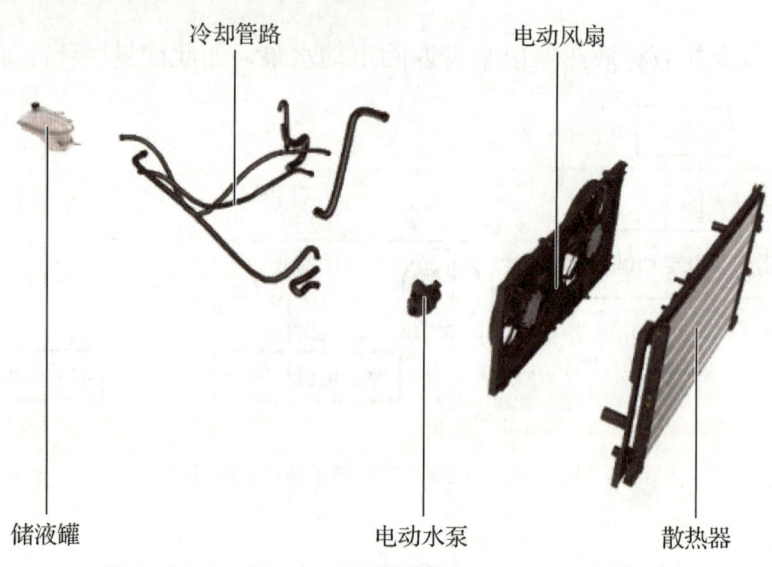

图 6-15 比亚迪 e5 电驱冷却系统（四合一平台）组成

各车型的储液罐、冷却管路之间的区别不大，这里不再进行介绍，下面主要介绍比亚迪 e5 的电动水泵、电动风扇和散热器。

1．电动水泵

电动水泵的功用是对冷却液加压，保证其在冷却系统中循环流动。电动水泵是整个冷却系统唯一的动力元件，负责为冷却液的循环提供机械能。2018 款比亚迪 e5 搭载的是四合一平台，其电动水泵安装在驱动电机前部底端，其电路图如图 6-16 所示，电动水泵通过 IG3 继电器获得电源，即只要车辆启动 IG3 继电器工作，电动水泵就会获得电能，从而运转起来。

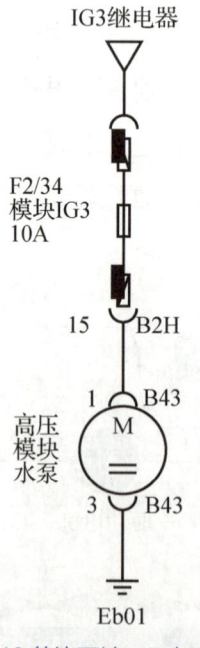

图 6-16 2018 款比亚迪 e5 电动水泵电路图

2. 电动风扇

比亚迪 e5 采用的是吸风式高低速 2 挡双风扇，位于散热器的内侧，主要用来提高通过散热器芯的空气流速，增强散热器的散热能力，加速冷却液的冷却。图 6-17 所示为 2018 款比亚迪 e5 电驱冷却系统（四合一平台）中电动风扇的电路图，从中可以看出，通过主控制器控制风扇模式继电器、低速风扇继电器及高速风扇继电器实现风扇的高低速 2 挡调速。

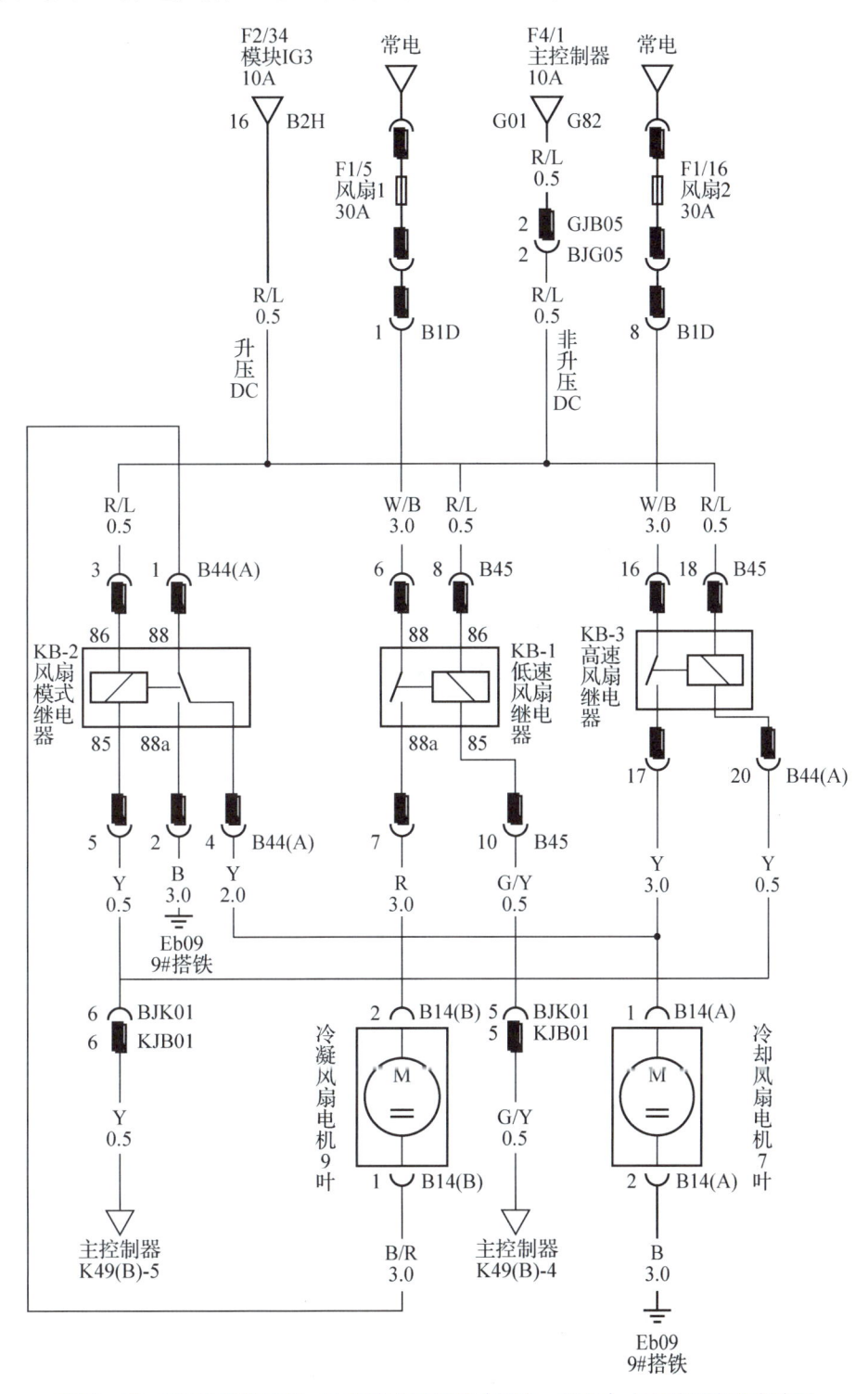

图 6-17 2018 款比亚迪 e5 电驱冷却系统（四合一平台）中电动风扇的电路图

电动风扇的工作由主控器进行控制，通过水温传感器进行检测，因空调系统冷凝器的散热也是借助电动风扇，所以需要参考空调请求状态共同决定电动风扇的控制，确保各系统在正常温度下工作。表 6-1 所示为电动风扇的工作条件。

表 6-1 电动风扇的工作条件

温度检测点	低速请求	高速请求	限制功率输出	报警
冷却液温度	40～50℃	>55℃	—	—
IPM 温度	53～64℃	>65℃	—	>85℃
IGBT 温度	55～75℃	>75℃	>90℃	>100℃
电机温度	90～110℃	>110℃	—	—

3. 散热器

比亚迪 e5 采用的是横流式散热器，空气从散热器芯外面通过，冷却液在散热器芯内流动，冷空气将冷却液散在空气中的热量带走，散热器实质上是一个热交换器，如图 6-18 所示。

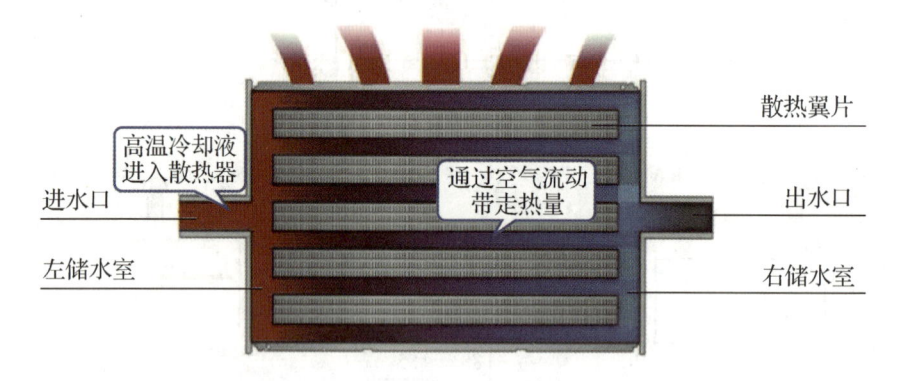

图 6-18 横流式散热器工作原理示意图

6.2.2 电驱冷却系统的工作过程

比亚迪 e5 电驱冷却系统采用的是强制循环式冷却，具体工作过程为电动水泵压缩冷却循环系统中的冷却液，先泵入高压电控总成（集成电机控制器）对其进行冷却，之后冷却液从高压电控总成的出水口流入驱动电机，吸收热量后的冷却液经冷却管路流入散热器，在散热器中冷却液通过流经散热器周围的空气散热而降温，之后返回电动水泵进行往复循环，如图 6-19 所示。

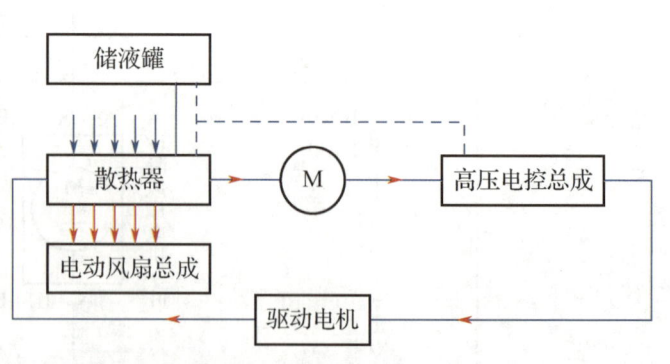

图 6-19 比亚迪 e5 电驱冷却系统（四合一平台）工作过程示意图

比亚迪 e5 在工作过程中，主控制器根据驱动电机和高压电控总成的温度信号，控制电动风扇总成进行低速或高速运转，来控制电驱冷却系统的冷却强度，最终将驱动电机和高压电控总成的温度控制在正常温度范围以内，以确保驱动电机和高压电控总成具有良好的工作性能。

在电驱冷却系统工作过程中，当循环回路内蒸汽压力上升到某一值时冷却液会通过溢流管进入储液罐；当循环回路中冷却液温度下降时，冷却液从储液罐经补偿管路流入散热器总成，补充冷却循环回路的冷却液。

6.3 电驱冷却系统检修

电驱冷却系统的好坏会直接影响车辆驱动系统的性能，通过检测判断电驱冷却系统的工作状况至关重要。电驱冷却系统检测要遵循由易到难、由外到内、由电气部件到机械部件的原则进行，并且一般是不解体优先。这里主要介绍电驱冷却系统基本检查、就车检测和电路检测。

6.3.1 电驱冷却系统基本检查

（1）检查储液罐内冷却液位是否在最高液位（MAX）和最低液位（MIN）之间，若液位高于最高液位，则应排放多余的冷却液；若液位低于最低液位，则需及时确认冷却系统是否存在泄漏，若无泄漏则应及时添加冷却液。

（2）检查电驱冷却系统主要部件：储液罐、水泵、冷却管路、散热器、散热风扇等器件是否有破损、裂纹等现象，若有则需及时维修。

（3）检查电驱冷却系统相关电子元件的接插件连接是否可靠，线束是否有破损，若有则需及时维修。

（4）检查电驱冷却系统相关冷却管路，查看是否存在裂纹、渗液和漏液等状况，若有则需及时维修。

6.3.2 电驱冷却系统就车检测

1．冷却液检测

（1）品质检测。

观察冷却液的外观，辨别其气味，进行直观判别，冷却液应透明、无异味、无沉淀。例如，发现外观浑浊，气味异常，有悬浮物时，说明冷却液已经变质，应立即停止使用并更换新的冷却液。

（2）冰点检测。

冰点检测是对冷却液能否在寒冷天气里使用的一种防冻性能测试，采用冰点检测仪能快速检测出冷却液的结晶冰点。在测量冷却液时，注意不要洒在皮肤和眼睛上，以防造成皮肤和眼睛损伤。测试后仔细擦净仪器，具体使用方法如下。

① 冰点检测仪校准。

将折光棱镜对准光亮方向，按照要求调整目棱镜视度环，直到标线清晰为止。校准的正确做法为清洁棱镜表面，取1~2滴蒸馏水或纯净水滴在棱镜的表面，盖好盖板，调节校正旋钮，直到蓝白色交界线与0℃基准线重合后，校准完成，如图6-20（a）所示。

② 测量冷却液冰点。

掀开冰点检测仪盖板，先用柔软的绒布将盖板及棱镜表面擦拭干净，将取样后的冷却液滴在棱镜表面；再合上盖板，并轻微按压；最后将冰点检测仪对向光线明亮处，旋转目镜，使视场内刻度清晰。此时，会看到一条蓝白相间的观察线，上部为蓝色，下部为白色，如图6-20（b）所示，如分界线对应的刻度（-20℃）即图6-20（b）展示的测量结果。正常情况下，未使用的冷却液冰点可达到-40℃以下，汽车行驶一定里程后，由于长时间使用，冷却液冰点会升高，但应低于当地最低气温10℃才能起到防冻效果。测试完毕后，先用柔软绒布将盖板和棱镜表面擦拭干净，再使用纯净水清洗吸管。完成后，放置于包装盒内。

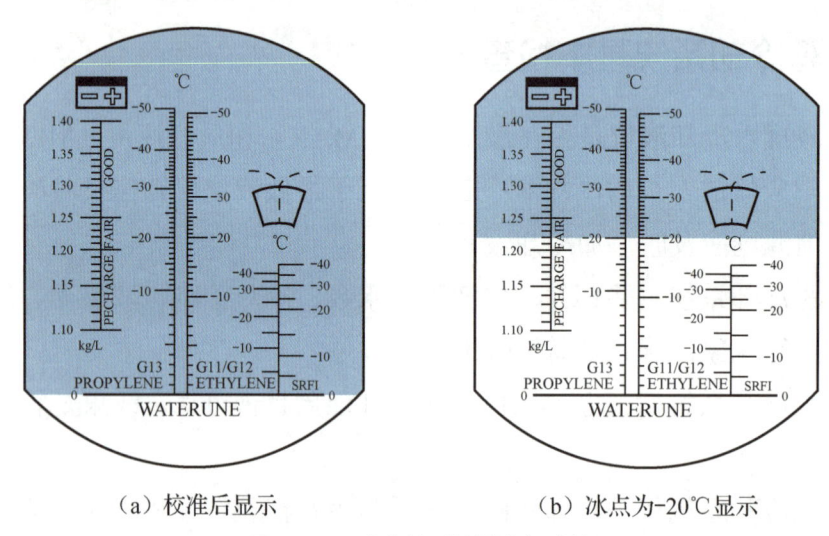

（a）校准后显示　　　　（b）冰点为-20℃显示

图6-20　冰点检测仪校准与读数

③ 清洁放置。

测量完毕后，直接用潮湿绒布擦拭干净棱镜表面及盖板上的附着物，待干燥后，妥善保存起来。

2. 密封性检测

检查冷却系统循环回路是否有冷却液泄漏，除了通过用眼观察，还可以用压力检测方法进行更有效的检测。电驱冷却系统密封性检测一般采用液体冷却系统压力检测仪进行检测。具体检测方法如下：在确保车辆处于冷车状态，拆卸储液罐盖，检查冷却液液位，不满时需要将其加满；从测试套装中，选择与车型匹配的适配器，并安装到储液罐口上；连接打气泵至适配器上，并给冷却系统打压，观察压力表的指针，直至指针指到维修资料要求的规范值，并保持一定时间；观察指示表的压力显示，并根据压力变化判定冷却系统是否有漏油现象，正常情况下压力应保持不变，若指示表上的压力值在规定时间内下降，则说明冷却系统存在泄漏情况，需要及时检修。

另外，可以用同样方法检测储液罐盖是否正常，若储液罐盖异常，则需要更换新的储液罐盖。

6.3.3 电驱冷却系统电路检测

电驱冷却系统涉及电路的部件主要有电动水泵和电动风扇，下面主要介绍电动水泵和电动风扇的电路检测。

1. 电动水泵的电路检测

电动水泵的电路检测主要包括电动水泵电源电路检测和电动水泵电路检测。

（1）电动水泵电源电路检测。

电动水泵电源电路一般由熔断器、继电器、电源线和搭铁线组成，下面具体介绍它们的检测方法。

① 熔断器检测。

查阅维修手册和相关电路图，找到电动水泵电源电路的熔断器，打开车辆电源开关，使用万用表电压挡分别检测熔断器输入端和输出端与蓄电池负极之间的电压，标准值应为11~14V，若检测值不在标准范围内，则需进一步检查熔断器本体，拆下熔断器，使用万用表电阻挡检测熔断器两端的电阻值，标准值应<1Ω，若检测值不符合标准，则说明熔断器本体故障，需要更换新的熔断器。

② 继电器检测。

查阅维修手册和相关电路图，找到电动水泵继电器，取下电动水泵继电器，通过继电器的静态检测和动态检测判断继电器的好坏。

a．继电器静态检测。

使用万用表检测电动水泵继电器电磁线圈的电阻值，若测量值与标准值不符，则说明继电器线圈损坏，需要更换新的继电器。

使用万用表检测电动水泵继电器内部动合触点之间的电阻值，标准值应为∞，若测量值与标准值不符，则说明继电器内部动合触点粘连在一起，需要更换新的继电器。

b．继电器动态检测。

继电器的动态检测需要借助12V低压电源和跨接线，通过跨接线将继电器电磁线圈两端子与12V电池正、负极连接通电，判断继电器内部动合触点是否能正常闭合。

之后先保持继电器电磁线圈通电，再使用万用表检测继电器动合触点之间的电阻值，标准值应<1Ω，若测量值与标准值不符，则说明继电器动合触点不能闭合，需要更换新的继电器。

③ 电源线检测。

查阅维修手册和相关电路图，找到电动水泵线束接插件的供电端子位置，打开车辆电源开关，使用万用表电压挡检测供电端子与蓄电池负极之间的电压，标准值应为 11～14V，若检测值不在标准范围内，则说明电源线可能存在异常，需要对线束进行导通性测试。关闭车辆电源开关，断开低压蓄电池负极，使用万用表电阻挡检测电源熔断器至线束接插件供电端子线束之间的电阻值，标准值应<1Ω，若检测值不符合标准，则说明电源线存在故障，需维修或更换相关线束。

④ 搭铁线检测。

查阅维修手册和相关电路图，找到电动水泵线束接插件的搭铁端子位置，关闭车辆电源，断开蓄电池负极，使用万用表电阻挡检测线束接插件搭铁端子至车身搭铁点之间的电阻值，标准值应<1Ω，若检测值不符合标准，则说明搭铁线存在故障，需维修或更换相关线束。

（2）电动水泵电路检测。

找到电动水泵安装位置，拔下电动水泵线束接插件，使用万用表的红、黑表笔分别连接电动水泵元件的电源和接地端子，检测电动水泵电机线圈的电阻值，其标准值应该符合维修手册标准值。若检测值与标准值不符，则需要进行检修。

2．电动风扇的电路检测

车辆上常用的电动风扇有两种：高、低速挡 2 级调速风扇和无级调速风扇。两者因电路不同，检测的内容也会有所不同，下面分别介绍两种电动风扇的检测方法。

（1）高、低速挡 2 级调速风扇电路检测。

高、低速挡 2 级调速风扇的电路通常由低速风扇电源电路、高速风扇电源电路、低速风扇控制电路和高速风扇控制电路组成。

① 电源电路检测。

无论是低速风扇电源电路还是高速风扇电源电路通常都是由熔断器、继电器、电源线和搭铁线组成的，其检测思路同"电动水泵电源电路检测"，这里不再赘述，需要注意的是一定要能分析和明确电路，在检测过程中不要找错器件和线束接插件。

② 控制电路检测。

无论是低速风扇控制电路还是高速风扇控制电路通常都是由相关控制器、控制线组成的，控制线连接在控制器和继电器之间。

查阅维修手册和相关电路图，找到控制线与继电器连接的触点，使用万用表检测该触点与低压器电池/车身搭铁之间的控制电路电压，若测量值与标准值不符，则说明控制线或控制器存在异常，需要进一步排查。

使用万用表检测控制线继电器端和控制器端之间的电阻值，标准值应<1Ω，若测量值与标准值不符，则可能是控制线断路，需更换或维修导线。若测量值在标准范围内，则可能是控制器存在故障，需更换新的控制器。

（2）无级调速风扇电路检测。

无级调速风扇电路中通常是用无级调速风扇模块取代继电器，通过整车控制器控制无级调速风扇模块，实现电动风扇的无级调速，无级调速风扇电路中主要由调速模块电源电路、调速模块控制电路组成。

① 调速模块电源电路检测。

调速模块电源电路通常由熔断器、电源线和搭铁线组成，检测思路同样可参考"电动水泵电源电路检测"，这里不再赘述。

② 调速模块控制电路检测。

调速模块控制电路主要由控制线和整车控制器组成。

查阅维修手册和相关电路图，找到控制线与调速模块的端子，使用万用表检测该触点与低压蓄电池/车身搭铁之间的控制电路电压，若测量值与标准值不符，则说明控制线或整车控制器存在异常，需要进一步排查。

使用万用表检测整车控制器与调速模块之间控制线的电阻值，标准值应<1Ω，若测量值与标准值不符，则可能是控制线断路，需更换或维修导线。若测量值在标准范围内，则可能是整车控制器存在故障，需更换新的整车控制器。

工作任务

内容	操作
总目标：在学习理论知识的基础上，通过任务实施动手实践，掌握电驱冷却系统冷却液更换的步骤（以荣威 Ei5 为例）	
一、准备	
开始作业前，准备好永磁同步电机（以荣威 Ei5 为例）、万用表及其相关技术资料。工具箱和防护用品柜内需要有足够的专用维修工具和各类防护用具	① 穿好实训工作服。 ② 穿好劳保鞋。 ③ 检查并佩戴工作手套。 ④ 检查专用维修工具和各类防护用具
二、实训内容	
1. 学生工作	① 在各自工位分组学习。 ② 在充分学习本项目相关知识的基础上，通过查阅相关技术资料和观察电驱冷却系统外观，完成技能学习工单（见本书配套教学资源）。 ③ 7S（整理、整顿、清洁、清扫、素养、安全、节约）管理工作。 ④ 自我评价
2. 指导教师工作	学生在进行上述操作过程中，指导教师应进行下列工作。 ① 向学生讲解安全注意事项，并要求学生在技能学习工单中做记录。 ② 观察、指导学生进行相关操作，及时制止可能发生危险的操作。 ③ 实操结束后审阅学生完成的工单，并结合其操作情况给出评价

新能源汽车驱动电机构造与检修

操作练习

内容	操作及数据记录	参考结果
一、准备		
① 穿好实训工作服，绝缘鞋，戴好手套；② 车内三件套、车外三件套；③ 冷却液、干净抹布、笔记本和笔		
二、实训内容——冷却液更换		
前期准备	① 在工作开始前穿戴好个人防护用品； ② 准备好工作所需设备及工具，铺设车内防护三件套； ③ 打开机舱盖，安装车外防护三件套	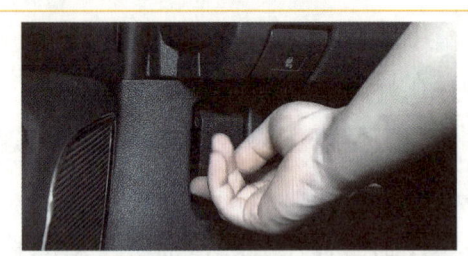 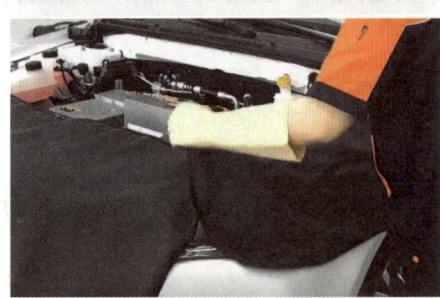
冷却液排放	① 打开副水箱盖。 ② 举升车辆至合适位置。 ③ 使用10mm六角套筒接杆棘轮扳手组合工具，拆卸机舱底部护板4颗固定螺栓。 ④ 用手旋出4颗固定螺栓。 ⑤ 使用卡扣螺丝刀拆卸机舱底部护板固定卡扣，取下机舱底部护板。 ⑥ 将油液收集器放置在机舱底部合适位置。 ⑦ 使用尖嘴钳，拧松放水阀，排尽冷却液。 ⑧ 待冷却液排净后，旋紧散热器放水阀，并使用尖嘴钳拧紧。 ⑨ 推走油液收集器，降下车辆	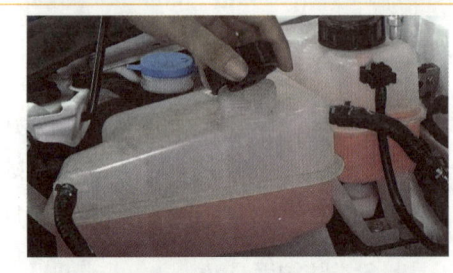  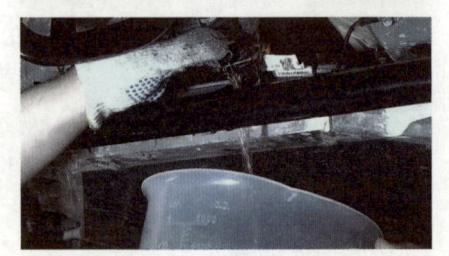

续表

内容	操作及数据记录	参考结果
冷却液加注	① 将指定的冷却液倒入副水箱。 ② 安装副水箱盖，并拧紧。 ③ 查看加注后的冷却液液位是否正常。 ④ 安装低压蓄电池负极。 ⑤ 打开车辆电源开关，让水泵运转约 5min 后关闭。 ⑥ 待电机和副水箱等冷却后，检查冷却液液位。 ⑦ 打开副水箱盖，再次添加冷却液至副水箱最高液位。 ⑧ 安装副水箱盖，并拧紧。 ⑨ 多次重复启动车辆 5min 后，检查液位和添加冷却液的动作，直到不需要添加冷却液为止	

三、整理场地

① 检查驱动电机、工具、设备是否恢复原位。
② 检查场地是否清理整洁

习 题

一、判断题

1．电驱冷却系统主要用于保证驱动电机和驱动电机控制器在规定的温度范围内工作，使其具有良好的工作性能。（   ）

2．电驱冷却系统在工作过程中，可以通过驱动电机外壳和周围介质不断将热量散发出去，这个散发热量的过程，我们就称为冷却。（   ）

3．自然风冷是目前新能源汽车驱动电机应用最广泛的冷却散热方式。（   ）

4. 水泵是整个冷却系统唯一的动力元件，负责为冷却液的循环提供机械能。（　　）
5. 目前，新能源汽车常用的电动风扇为离心式风扇。（　　）
6. 比亚迪e5电驱冷却系统（四合一平台）位于车辆前机舱内。（　　）
7. 2018款比亚迪e5电驱冷却系统（四合一平台）的电动水泵由主控制器控制其工作。（　　）
8. 2018款比亚迪e5电动风扇的工作由整车控制器控制。（　　）
9. 2018款比亚迪e5电驱冷却系统（四合一平台）采用的是无级变速风扇。（　　）
10. 比亚迪e5电驱冷却系统无论搭载的是三合一平台还是四合一平台，均采用的是强制循环式冷却系统。（　　）

二、选择题

1. 下列部件不是比亚迪e5电驱冷却系统组成的是（　　）。【单选题】
   A．散热器　　　　B．电动水泵　　　　C．电动风扇　　　　D．深冷器
2. 2019款比亚迪e5电驱冷却系统（三合一平台）的无级风扇是由（　　）控制的。【单选题】
   A．电机控制器　　B．空调控制器　　　C．整车控制器　　　D．主控制器
3. 下列是特斯拉Model3电驱冷却系统组成的是（　　）。【多选题】
   A．储液罐　　　　B．冷却液泵P1　　　C．冷却液泵P2　　　D．深冷器
   E．流向控制阀　　F．散热器

三、简答题

简单描述比亚迪e5电驱冷却系统组成与工作原理。

任务评价

请根据自己任务完成情况，对自己的工作进行评估、总结。

评分内容	自评	互评	教师评	总分
遵守安全规范操作（10分）				
遵守课堂纪律（10分）				
学生面貌（10分）				
课堂氛围（10分）				
团队合作（10分）				
掌握电驱冷却系统结构及作用（15分）				

续表

	评分内容	自评	互评	教师评	总分
技能操作	能正确完成电驱冷却系统的检查（7分）				
	能正确完成电驱冷却系统冷却液的更换（8分）				
过程与方法（10分）					
完成本任务工作页（10分）					

项目 7

驱动电机更换

情境引入

一辆纯电动汽车的驱动电机发生故障，你的主管让你更换驱动电机，你能完成这个任务吗？

任务目标

素质目标

1. 能够制订工作计划，独立完成工作学习任务。
2. 能够在工作过程中，与小组其他成员合作、交流并进行学习任务分工，具备团队合作和安全操作的意识。
3. 培养服从管理、规范作业的良好工作习惯。
4. 培养安全工作的习惯。

知识目标

1. 能够描述驱动电机的性能评价参数和检测方法。
2. 能够描述混合动力汽车驱动电机结构和技术参数特点。
3. 能够描述驱动电机的作用。
4. 能够描述驱动电机的特点。
5. 能够描述驱动电机的类型。

驱动电机更换 **项目 7**

🎯 技能目标

1. 能够进行纯电动汽车驱动电机检测。
2. 能够进行驱动电机总成的拆卸与安装。

思考与成长

创新精神是指要具有能够综合运用已有的知识、信息、技能和方法，提出新方法、新观点的思维能力和进行发明创造、改革、革新的意志、信心、勇气和智慧。

知识解析

7.1 驱动电机检测

7.1.1 驱动电机主要技术性能评价参数

驱动电机通常都有以下性能评价参数。
（1）电量参数。
电量参数包括电压、电流、功率、频率、相位、阻抗、介电强度、谐波等。
（2）非电量参数。
非电量参数包括转速、转矩、温度、噪声、振动等。
通过这些参数，能够了解电机运行时的工作特性，对被测驱动电机进行性能评价。

7.1.2 驱动电机基本电量参数的检测

要测量驱动电机的电量参数，就要关注最基本的电量参数：电压、电流、功率、频率、相位。这些参数是通过电子测量仪器进行测量的，根据测量项目的不同，一般会用到电压表、电流表、功率表、频率表等仪表。实际上，当前的电流参数测量技术非常成熟，通常使用功率分析仪（或功率计）即可满足驱动电机所有基本电量参数的测量需求。

功率分析仪实际上是电压表、电流表、功率表和频率表的有机融合，它实现了高精度的电压、电流、功率、频率、相位实时采集，并实时运算出功率结果，可以为使用者提供精准的驱动电机电量参数测试结果，且不同参数之间的采集在时基上是同步的，保证了数据的有效性。功率分析仪的基本测量原理如图 7-1 所示。

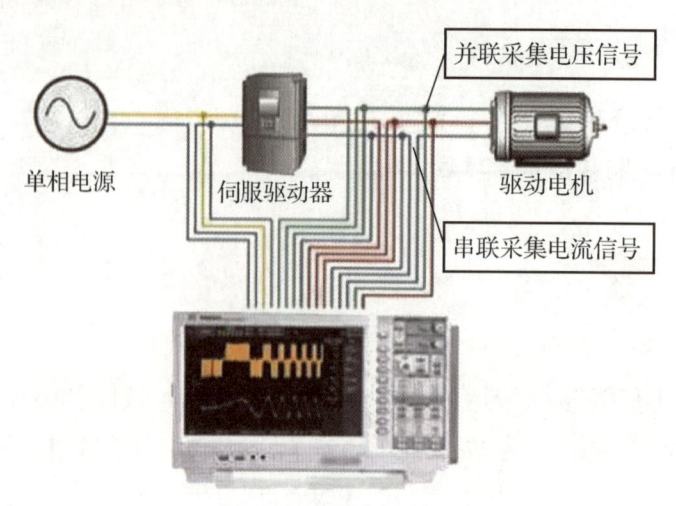

图 7-1 功率分析仪的基本测量原理

1．驱动电机性能参数的测量

驱动电机性能的测量参数有负载特性测试、T-N 曲线测试、耐久性测试等。

（1）负载特性测试。

测试目的：确定电机的效率、功率因数、转速、定子电流等。

测试方法：用伺服电机给被测电机加载，从 150%额定负载逐步降低到 25%额定负载，期间至少选取 6 个测试点（必包含 100%额定负载测试点），测取其电压、电流、功率、转矩、转速等参数并进行计算。

测试依据标准：

GB/T 22669—2008《三相永磁同步电动机试验方法》第 8 章负载试验。

GB/T 1032—2023《三相异步电动机试验方法》第 8 章负载试验。

从负载特性作用上来看，主要是针对不同负载情况下电机特性的测试，保证电机在不同适用场合下仍能保持良好运行，保证电机质量提高生产生活效率。

（2）T-N 曲线测试。

测试目的：描绘电机的转速、转矩关系特性曲线。

测试方法：通过控制被测电机的转速，测量从 0 转速到最高转速下，在不同转速点能输出的最大转矩，绘制其关系曲线，如图 7-2 所示。

根据不同转速对应下的扭矩来判断电机基本特性，直观地表现电机运行性能，更好地评估电机的运行状态。

（3）耐久性测试。

在测试软件中，可由用户设定电机按某个测试方案来进行耐久性测试，如设定被测电机以 80%的额定转速运行 10min，之后暂停 5min，再以 120%的额定转速运行 10min 等。测试该运行过程中的电压、电流、效率、转矩、转速等关键信息。

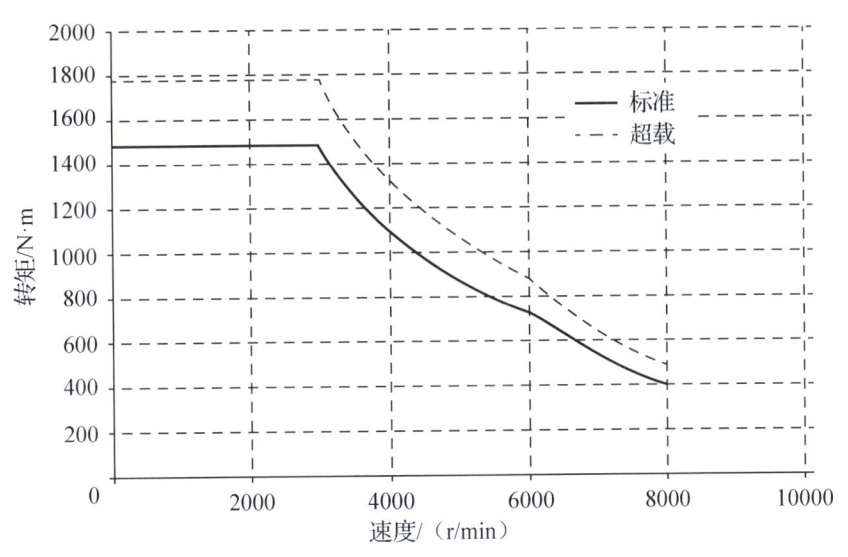

图 7-2 永磁同步电机速度与转矩关系曲线

2．驱动电机的各部件检测

由于驱动电机检测设备价格昂贵，在实际维修中，通常只进行电机各组成部件的检测。下面以荣威 e50 为例介绍驱动电机定子绕组的检测方法，其他车型可参考。

（1）拆下手动维修开关，等待 5min。

（2）用 T30 套筒对角拆下 PEB 上的 7 颗固定螺栓，如图 7-3 所示。

（3）测量 U、V、W 三相线束端子之间的电压。

（4）测量 U、V、W 三相线束端子与搭铁之间的电压。

（5）测量高压线束端子与搭铁之间的电压。

（6）测量 U、V、W 三相线束端子与搭铁之间的电压。

（7）使用万用表电阻挡，测量 U、V、W 三相线束端子之间的电阻值。

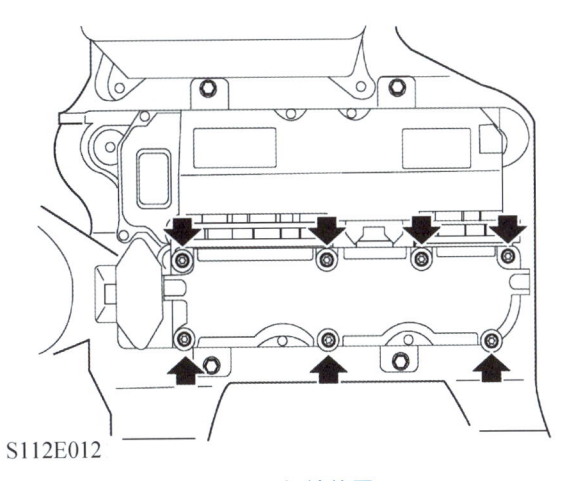

图 7-3 螺栓位置

（8）测量高压线束端子与搭铁之间的电压。

（9）测试壳体连通性。

（10）测量每相和壳体之间的电阻值。

3．电机性能检测实例

本操作实例主要完成对电机各部件（定子）进行检测和性能判定。

警告：

不要试图分解电机总成，避免造成人身伤害及损坏电机。

新能源汽车驱动电机构造与检修

注意：

正常情况下，在钥匙开关关闭后，高压系统还存在高压电，这是由驱动电机控制器中高压电容的存在造成的。需要经过一段时间的等待，高压电容中的电能才能完全释放。

（1）测量设施设备。

① 防护装备：防护用品一套（工作服、绝缘劳保鞋、护目镜、绝缘头盔、绝缘手套）。

② 车辆、台架、总成：北汽新能源纯电动汽车驱动电机结构台架，荣威 e50 驱动电机结构台架。

③ 专用工具、设备：拆装专用工具。

④ 手工工具：新能源汽车维修组合工具。

⑤ 辅助材料：高压电维修警示牌和设备、绝缘地胶、二氧化碳类型灭火器、清洁剂。

（2）检测步骤。

下面以荣威 e50 为例介绍驱动电机定子绕组的测量方法，其他车型可参考。

① 拆下手动维修开关，等待 5min。

② 用 T30 套筒对角拆下 PEB 上的 7 颗固定螺栓，如图 7-4 所示。

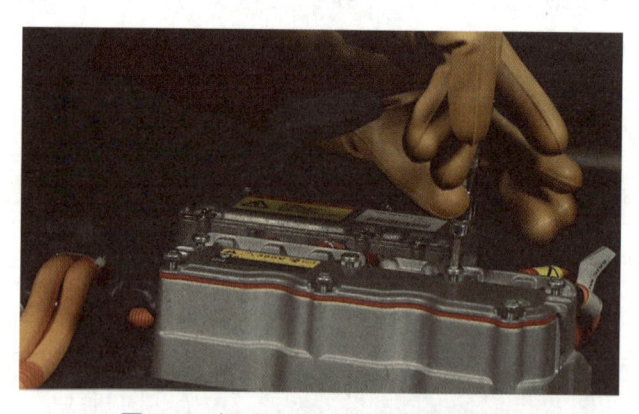

图 7-4　拆下 PEB 上的 7 颗固定螺栓

③ 轻轻取出 PEB 盖板，如图 7-5 所示。

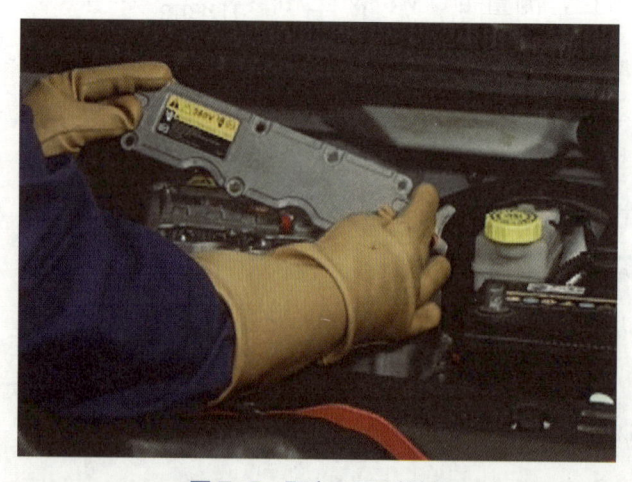

图 7-5　取出 PEB 盖板

④ 将万用表挡位旋至电阻挡，校正万用表如图 7-6 所示。

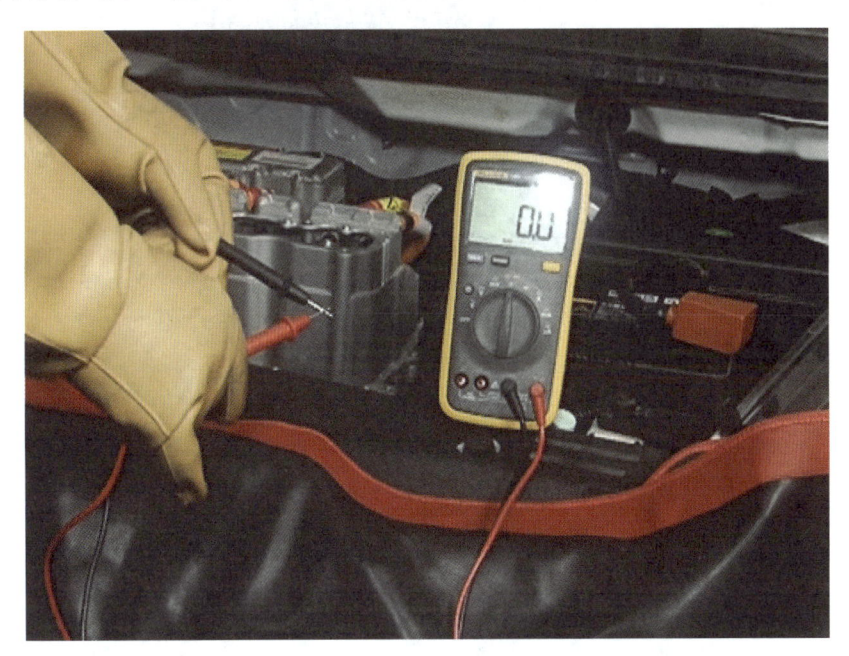

图 7-6　校正万用表

⑤ 将万用表挡位旋至交流电压挡，测量 U、V、W 三相线束端子之间的电压，如图 7-7 所示。

图 7-7　测量 U、V、W 三相线束端子之间的电压

警告：

在进行电压测量时必须佩戴绝缘手套，并且一定要确保测量每个端子之间的电压，确保每组电压为 0V 或 3V 以下时才可以继续拆解。

⑥ 测量 U、V、W 三相线束端子与搭铁之间的电压如图 7-8 所示。

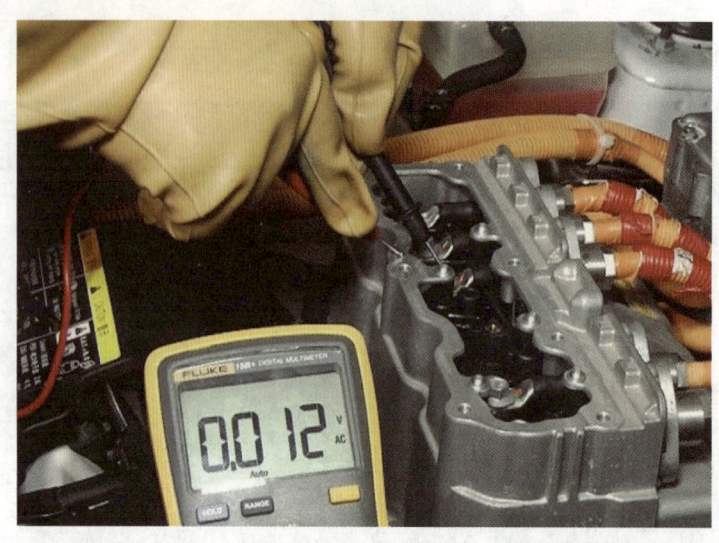

图 7-8　测量 U、V、W 三相线束端子与搭铁之间的电压

⑦ 将万用表挡位旋至直流电压挡，测量高压线束端子之间的电压如图 7-9 所示。

图 7-9　测量高压线束端子之间的电压

⑧ 测量高压线束端子与搭铁之间的电压如图 7-10 所示。

图 7-10　测量高压线束端子与搭铁之间的电压

⑨ 用 10mm 长套筒拆下驱动电机线束固定螺栓，如图 7-11 所示。

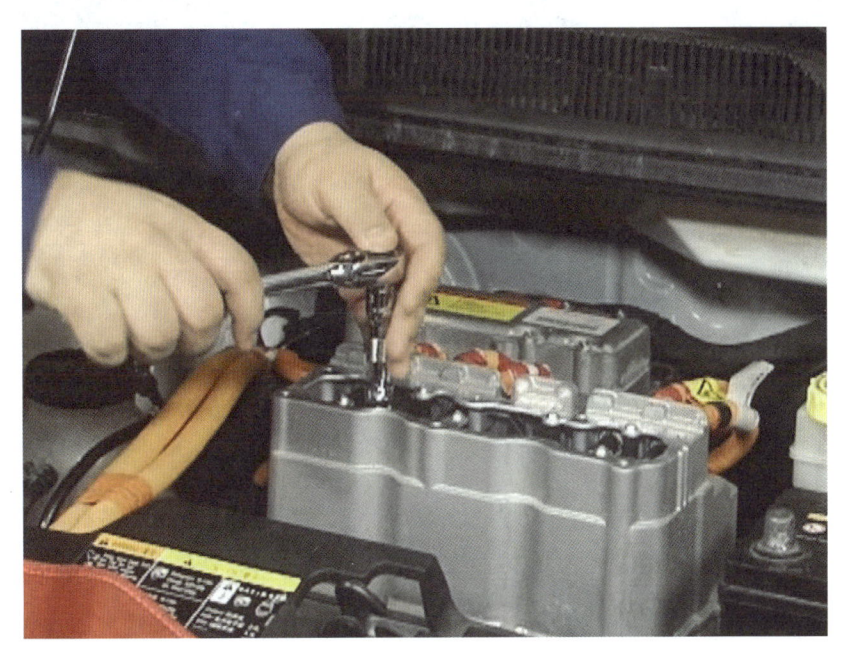

图 7-11　拆下驱动电机线束固定螺栓

⑩ 拆下电机线束固定在 PEB 外壳上的 6 颗固定螺栓，并抽出 3 根电机线束，如图 7-12 所示。

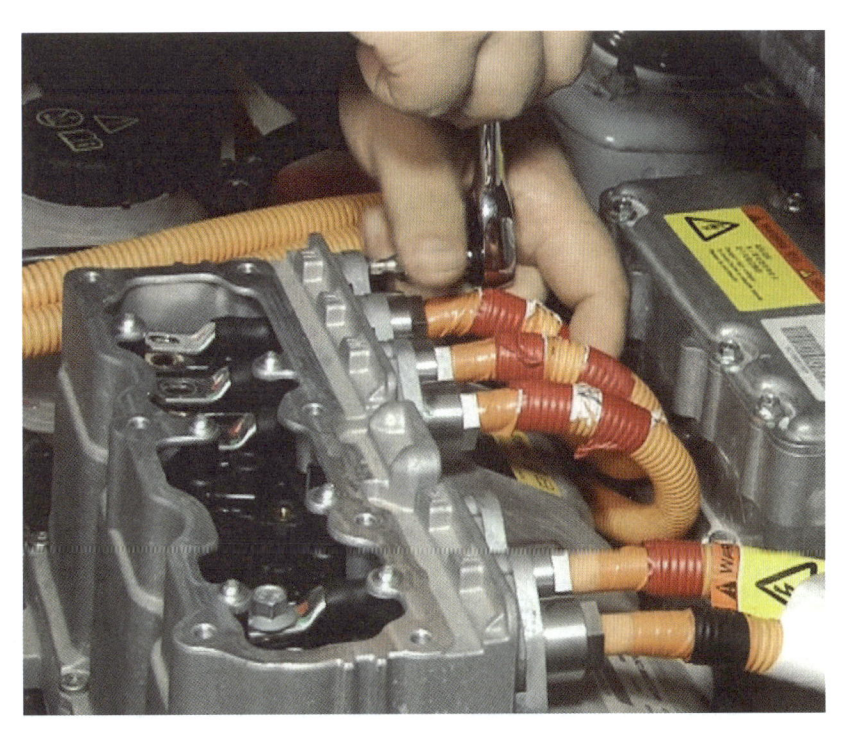

图 7-12　抽出 3 根电机线束

⑪ 使用万用表电阻挡，测量 U、V、W 三相线束端子之间的电阻值如图 7-13 所示。

测出的电阻值应相等或稍有偏差，若三相电阻值差别较大，则说明电机可能有匝间短路现象。

图 7-13 测量 U、V、W 三相线束端子之间的电阻值

⑫ 校正万用表，将黑表笔与驱动电机壳体连接。将红表笔与车身搭铁点连接，观察万用表数值变化，测试壳体连通性如图 7-14 所示。

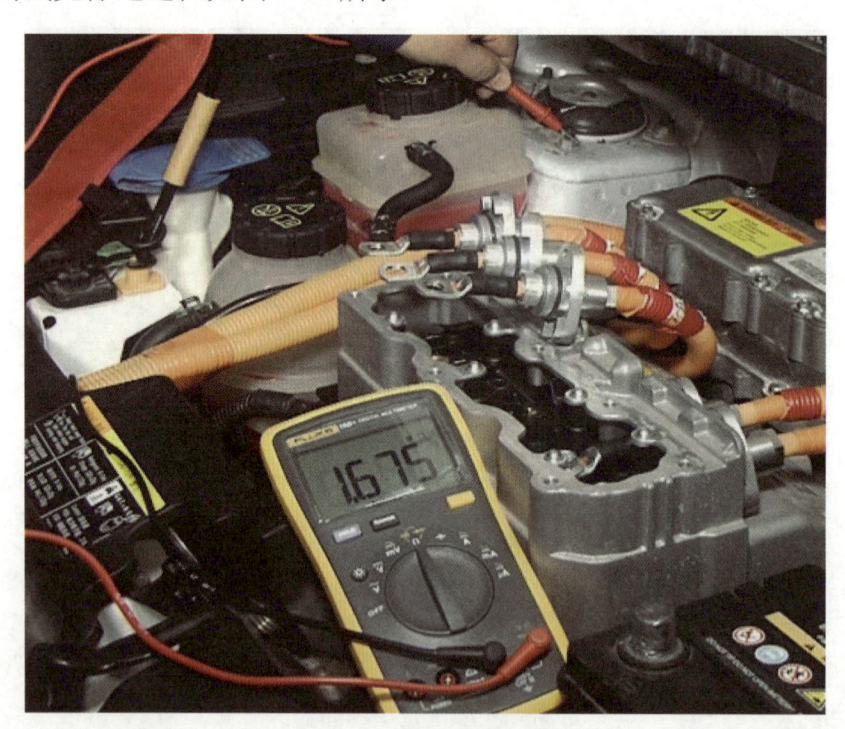

图 7-14 测试壳体连通性

⑬ 将红表笔分别与 U、V、W 三相线束连接，测试每相和壳体之间的电阻值，如图 7-15 所示，数值应不显示或为无限大，否则有对地短路现象。

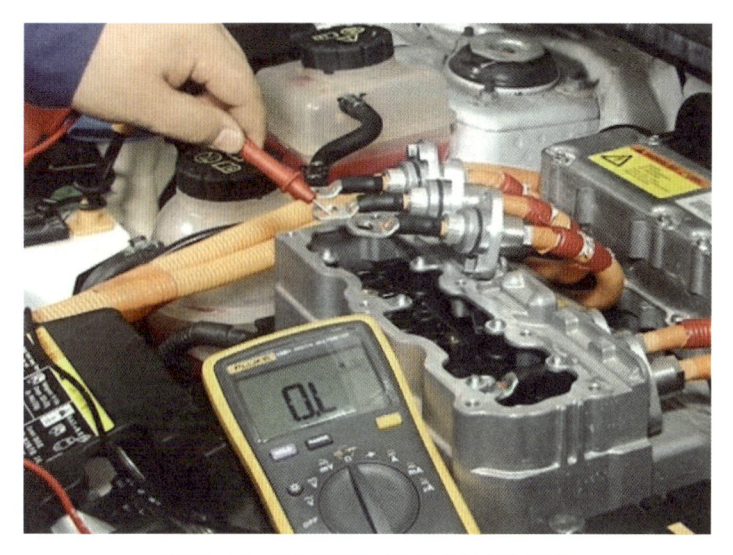

图 7-15 测试每相和壳体之间的电阻值

7.2 驱动电机拆卸

工作任务

总目标：在学习理论知识的基础上，通过任务实施动手实践，完成对新能源汽车的驱动电机的拆卸（以北汽 EV160 为例）

内容	操作
一、准备	
开始作业前，准备好纯电动汽车（以北汽 EV160 为例）及其相关技术资料。工具箱和防护用品柜内需要有足够的专用维修工具和各类防护用具	① 穿好实训工作服。 ② 穿好劳保鞋。 ③ 检查并佩戴工作手套。 ④ 检查专用维修工具和各类防护用具。 ⑤ 高压电维修警示牌和设备、绝缘地胶、二氧化碳类型灭火器、清洁剂
二、实训内容	
1. 学生工作	① 在各自工位分组学习。 ② 在充分学习本项目相关知识的基础上，通过查阅相关技术资料了解北汽 EV160 驱动电机所在位置，完成技能学习工单（见本书配套教学资源）。 ③ 7S（整理、整顿、清洁、清扫、素养、安全、节约）管理工作。 ④ 自我评价

续表

内容	操作
2. 指导教师工作	学生在进行上述操作过程中，指导教师应进行下列工作。 ① 向学生讲解安全注意事项，并要求学生在技能学习工单中做记录。 ② 观察、指导学生进行相关操作，及时制止可能发生危险的操作。 ③ 实操结束后审阅学生完成的工单，并结合其操作情况给出评价

操作练习

内容	操作及数据记录	参考结果
一、准备	① 穿好实训工作服，戴好工作手套；② 世达工具一套，笔记本和笔	
二、实训内容——驱动电机的拆卸（以北汽 EV160 为例）		
拆卸蓄电池负极端子	① 取出点火钥匙，水箱盖。 ② 选用 10mm 扳手拆下蓄电池负极线固定螺栓，取下负极线，并对负极接头做好防护	
拆卸轮胎	① 使用弯杆、直杆配合 21mm 套筒，拆下左前轮胎 4 颗固定螺钉	
	② 使用弯杆、直杆配合 21mm 套筒，拆松右前轮胎 4 颗固定螺钉	

驱动电机更换 **项目 7**

续表

内容	操作及数据记录	参考结果
拆卸轮胎	③ 举升车辆至一定高度，使用直杆配合 21mm 套筒，拆下左、右前轮胎各 4 颗固定螺钉，并拆下左、右前轮轮胎	
齿轮油的排放	① 使用 M10 内六角扳手拆下齿轮箱放油螺栓	
	② 排空齿轮箱油	
	③ 用手安装齿轮箱放油螺栓。 ④ 使用 M10 内六角扳手拧紧齿轮箱放油螺栓。拧紧力矩为 12.5N·m。 ⑤ 使用干净的抹布清洁齿轮箱油迹	
冷却液的排放	① 拆下冷却液水箱放水螺栓。 ② 排空冷却液。 注意事项： 排空冷却液前，必须确保冷却液已经降到 60℃ 以下。 ③ 拧紧水箱放水螺栓。 ④ 使用干净抹布擦拭干净放水螺栓处。 ⑤ 拆卸动力蓄电池低压控制线束接插件。 ⑥ 拆卸动力蓄电池高压控制线束接插件	

155

续表

内容	操作及数据记录	参考结果
拆卸左前半轴	① 使用一字螺丝刀，解开半轴螺栓口	
	② 使用弯杆、直杆配合 32mm 套筒，拧松左前半轴固定螺钉	
	③ 使用弯杆、直杆配合 18mm 套筒，另一旁用 18mm 扳手卡住，拆下左前轮羊角 2 颗固定螺钉	
	④ 取出左前半轴固定螺钉。 ⑤ 取出左前半轴花键与羊角连接处。 ⑥ 取出左前半轴总成	
拆卸右前半轴	用拆卸左前半轴同样的方法拆出右前半轴，并安装羊角，拧紧固定螺栓	
拆卸驱动电机附属零件	① 拆卸驱动电机低压控制线束接插件。 ② 使用一字螺丝刀解开驱动电机低压控制线束插接件固定卡口。 ③ 使用鲤鱼钳脱开驱动电机散热出水管卡箍。 ④ 拔下驱动电机散热出水管	

续表

内容	操作及数据记录	参考结果
拆卸变速箱后扭力支架	① 选用弯杆、18mm 套筒，拆下变速箱后扭力支架 1 颗固定螺栓。 ② 选用弯杆、15mm 套筒，拆下变速箱后扭力支架 2 颗固定螺栓。 ③ 选用弯杆、13mm 套筒，拆下变速箱后扭力支架 2 颗固定螺栓。 ④ 取出变速箱后扭力支架总成	
拆卸电机控制器	① 使用绝缘一字螺丝刀拆下永磁同步电机控制器低压线束端口，并将低压接插件控制线束端口放在合适位置。 ② 拆卸驱动电机接插件。 ③ 取出驱动电机三相接插件线束插头	
	④ 拆卸驱动电机控制器正负极高压线缆。 ⑤ 使用合适的工具拧松驱动电机控制器散热出水管卡箍，并拔出散热出水管。 ⑥ 使用合适的工具拧松驱动电机控制器散热进水管卡箍，并拔出散热进水管。 ⑦ 使用绝缘工具（选用棘轮扳手、接杆和 6mm 内六角套筒）拆下驱动电机控制器总成 4 颗固定螺栓	
	⑧ 取下驱动电机控制器单元总成，并在干净、干燥环境下存放。 ⑨ 使用电工胶布包裹驱动电机三相接插件线束插头。 ⑩ 使用电工胶布包裹永磁同步电机控制器高压线束正极端口和负极端口	
拆卸 PDU 总成	① 使用绝缘一字螺丝刀拆卸 PDU 的 12V 线束 3 个固定卡扣	
	② 取下低压蓄电池正极端口防护盖。 ③ 使用绝缘 13mm 扳手拧松 PDU 的 12V 线束固定螺栓。 ④ 拆下低压蓄电池正极固定螺栓	

续表

内容	操作及数据记录	参考结果
拆卸PDU总成	⑤ 使用绝缘十字螺丝刀工具，拆下PDU电子分配单元低压搭铁线束固定螺栓。 ⑥ 使用绝缘一字螺丝刀工具，拆卸低压控制线束接插件	
	⑦ 拆卸慢充高压线束接插件。 ⑧ 拆卸空调高压线束接插件	
	⑨ 拆卸高压PTC加热控制模块线束接插件	
	⑩ 选用30mm套筒接杆棘轮扳手拆卸驱动电机控制器高压线束固定螺栓，并取出驱动电机控制器高压线。 ⑪ 使用电工胶布包裹快速充电高压线束接插件、空调高压线束接插件、永磁同步电机控制器高压线束接插件、动力蓄电池高压线束接插件。 ⑫ 使用电工胶布包裹PDU快充接头、PDU电动压缩机接头、PDU驱动电机控制器线缆接头、PDU动力蓄电池线缆接头。 ⑬ 使用鲤鱼钳脱开PDU进水管卡箍，并取下PDU进水管。使用鲤鱼钳脱开PDU出水管，并取下PDU出水管。 ⑭ 选用13mm套筒接杆棘轮扳手拆卸4颗PDU总成固定螺栓。 ⑮ 两名维修人员协作取下PDU电子分配单元总成，并放置在干净、干燥环境下存放	

续表

内容	操作及数据记录	参考结果
拆卸低压蓄电池总成	① 选用 10mm 套筒接杆棘轮扳手拆卸低压蓄电池正极线束端口固定螺栓，并取下正极线束。 ② 选用 10mm 套筒接杆棘轮扳手，拆卸低压蓄电池总成固定螺栓，取下固定压块和蓄电池总成。 ③ 使用一字螺丝刀拆卸蓄电池正极 12V 线束两个固定卡扣。 ④ 选用 13mm 套筒接杆棘轮扳手，拆卸低压蓄电池托架 6 颗固定螺栓，并取出电池托架	
拆卸托架总成	① 一字螺丝刀拆卸低压线束 10 个固定卡扣。 ② 选用 12mm 套筒接杆棘轮扳手，拆卸托架总成 4 颗固定螺栓，两名维修人员协作取下托架总成。 ③ 选用 18mm 套筒接杆棘轮扳手，拧松驱动电机机脚胶垫 1 颗固定螺栓	
	④ 选用 15mm 套筒接杆棘轮扳手，拧松齿轮箱机脚胶 2 颗固定螺栓	

7.3 驱动电机安装

工作任务

总目标：在学习理论知识的基础上，通过任务实施动手实践，完成对新能源汽车的驱动电机的安装（以北汽 EV160 为例）

内容	操作
一、准备	
开始作业前，准备好纯电动汽车（以北汽 EV160 为例）及其相关技术资料。工具箱和防护用品柜内需要有足够的专用维修工具和各类防护用具	① 穿好实训工作服。 ② 穿好劳保鞋。 ③ 检查并佩戴工作手套。 ④ 检查专用维修工具和各类防护用具。 ⑤ 高压电维修警示牌和设备、绝缘地胶、二氧化碳类型灭火器、清洁剂

续表

内容	操作
二、实训内容	
1. 学生工作	① 在各自工位分组学习。 ② 在充分学习本项目相关知识的基础上，通过查阅相关技术资料了解北汽 EV160 驱动电机所在位置，完成技能学习工单（见本书配套教学资源）。 ③ 7S（整理、整顿、清洁、清扫、素养、安全、节约）管理工作。 ④ 自我评价
2. 指导教师工作	学生在进行上述操作过程中，指导教师应进行下列工作。 ① 向学生讲解安全注意事项，并要求学生在技能学习工单中做记录。 ② 观察、指导学生进行相关操作，及时制止可能发生危险的操作。 ③ 实操结束后审阅学生完成的工单，并结合其操作情况给出评价

操作练习

内容	操作及数据记录	参考结果
一、准备		
① 穿好实训工作服，戴好工作手套；② 世达工具一套、笔记本和笔		
二、实训内容——驱动电机的安装（以北汽 EV160 为例）		
安装驱动电机总成	① 驱动电机总成安装到车架上。 ② 使用弯杆、直杆、15mm 套筒安装齿轮箱机脚胶 2 颗固定螺栓，并紧固。 ③ 使用弯杆、直杆、13mm 套筒安装齿轮箱机脚胶 1 颗固定螺栓，并紧固。 ④ 使用弯杆、直杆、18mm 套筒安装驱动电机机脚胶 1 颗固定螺栓，并紧固	
安装托架总成	① 两名维修人员协作安装托架总成。 ② 使用 12mm 套筒接杆棘轮扳手安装 4 颗固定螺栓，并紧固。 ③ 安装低压线束固定卡扣	

续表

内容	操作及数据记录	参考结果
安装辅助蓄电池总成	① 辅助蓄电池托架。选用 13mm 套筒接杆棘轮扳手安装电池托架上的 6 颗固定螺栓，并紧固。 ② 安装蓄电池总成。安装固定压块，选用 10mm 套筒接杆棘轮扳手安装固定螺栓，并紧固。 ③ 安装正极线，并紧固	
安装 PDU 总成	① 两名维修人员协作将 PDU 总成安装到车上。选用 13mm 套筒接杆棘轮扳手安装 PDU 总成上的 4 颗固定螺栓，并紧固 PDU 总成上的 4 颗固定螺栓。 ② 安装 PDU 总成出水管，使用鲤鱼钳安装卡箍，并确认安装到位。 ③ 安装 PDU 总成进水管，使用鲤鱼钳安装卡箍，并确认安装到位。 ④ 安装 PDU 慢充高压线接插件 ⑤ 使用绝缘工具（接杆和 T30 套筒）安装驱动电机控制器高压线接头固定螺栓和 PDU 动力电池高压线缆。 ⑥ 安装动力蓄电池高压线缆固定螺栓和快速充电高压线缆。 ⑦ 安装快速充电高压线缆固定螺栓和电动压缩机高压线缆接插件。 ⑧ 安装 PDU 总成低压搭铁线束固定螺栓和 PDU 的 12V 线束卡扣。 ⑨ 安装 PDU 低压蓄电池正极线束固定螺栓，清除防护胶带	
安装驱动电机控制器总成	① 选用绝缘工具（6mm 内六角套筒接杆棘轮扳手）安装驱动电机控制器总成上的 4 颗固定螺栓。 ② 安装驱动电机控制器散热出水管，并使用合适的工具紧固驱动电机控制器散热出水管卡箍。 ③ 安装驱动电机控制器散热进水管。 ④ 安装驱动电机控制器连接线束。 ⑤ 安装驱动电机控制器正负极高压线束。 ⑥ 安装永磁同步电机控制器低压线束端口，并安装到位	
安装左前半轴总成	① 安装左前半轴，并确保到位。 ② 取下羊角固定螺栓，安装左前半轴花键与羊角连接处。 ③ 安装两个羊角固定螺栓和螺母。 ④ 安装 ABS 轮速传感器固定线束。 ⑤ 安装左前轮制动液管固定螺栓	

续表

内容	操作及数据记录	参考结果
安装右前半轴总成	① 安装右前半轴，并确保到位。 ② 取下羊角固定螺栓，安装右前半轴花键与羊角连接处。 ③ 安装两个羊角固定螺栓和螺母。 ④ 安装 ABS 轮速传感器固定线束。 ⑤ 安装右前轮制动液管固定螺栓。 ⑥ 安装右前半轴固定螺栓	
安装变速箱后扭力支架	① 变速箱后扭力支架总成。 ② 安装 5 颗固定螺栓	
安装驱动电机附属零件	① 安装驱动电机低压线束接插件固定卡扣	
	② 安装驱动电机散热出水管，使用鲤鱼钳安装驱动电机散热出水管卡箍	
安装动力蓄电池高压线束接插件	① 安装动力电池高压线束接插件，并将动力蓄电池高压线束互锁端口锁紧。 ② 检查动力蓄电池高压线束，是否接插到位	
	③ 安装动力蓄电池低压控制线束。 ④ 旋紧动力蓄电池低压控制线束接插件。 ⑤ 检查动力蓄电池低压控制线束，是否接插到位	

续表

内容	操作及数据记录	参考结果
齿轮箱油的加注	① 使用 M10 内六角扳手拆下齿轮箱油液面螺栓。 ② 使用 M10 内六角扳手拆下齿轮箱加油螺栓。 ③ 从齿轮箱加油螺栓口处加注齿轮箱油，待齿轮箱油从齿轮箱液面螺栓口处溢出齿轮箱油，则说明齿轮箱油已达到规定的容量	
	④ 用手安装齿轮箱液面螺栓。 ⑤ 使用 M10 内六角扳手工具紧固齿轮箱加油螺栓。 ⑥ 用手安装齿轮箱加注螺栓，使用 M10 内六角扳手工具紧固齿轮箱加注螺栓	
安装轮胎	① 安装右前轮胎到合适位置。 ② 安装右前轮胎 4 颗固定螺钉。 ③ 使用弯杆配合 21mm 套筒，预紧右前轮胎 4 颗固定螺钉	
	④ 安装左前轮胎到合适位置，安装左前轮胎 4 颗固定螺钉，使用弯杆配合 21mm 套筒，预紧左前轮胎 4 颗固定螺钉 ⑤ 降下车辆至一定高度，使用定扭矩扳手、接杆、21mm 套筒，拧紧右前轮胎螺钉和左前轮胎螺钉	
冷却液的添加	① 降下车辆，打开水箱冷却液加注盖，添加冷却液至最高液位和最低液位之间，拧紧水箱冷却液加注盖。 ② 打开点火开关，使冷却液进入循环状态	

三、整理场地

1．检查车辆、工具、设备是否恢复原位。
2．检查场地是否清理整洁

工作任务

总目标：在学习理论知识的基础上，通过任务实施动手实践，掌握新能源汽车驱动电机更换的步骤（以比亚迪 e5 为例）

内容	操作
一、准备	
开始作业前，准备好驱动电机实训车辆（以比亚迪 e5 为例）及其相关技术资料。工具箱和防护用品柜内需要有足够的专用维修工具和各类防护用具	1. 保护 ① 穿好实训工作服。 ② 穿好劳保鞋。 ③ 检查并佩戴工作手套。 ④ 检查专用维修工具和各类防护用具。 2. 举升防护 ① 检查并锁死举升机。 ② 检查确保车辆在举升机上无松动摇晃情况
二、实训内容	
1. 学生工作	① 在各自工位分组学习。 ② 在充分学习本项目相关知识的基础上，通过查阅相关技术资料和观察驱动电机外观，完成技能学习工单（见本书配套教学资源）。 ③ 7S（整理、整顿、清洁、清扫、素养、安全、节约）管理工作。 ④ 自我评价
2. 指导教师工作	学生在进行上述操作过程中，指导教师应进行下列工作。 ① 向学生讲解安全注意事项，并要求学生在技能学习工单中做记录。 ② 观察、指导学生进行相关操作，及时制止可能发生危险的操作。 ③ 实操结束后审阅学生完成的工单，并结合其操作情况给出评价

操作练习

内容	操作及数据记录	参考结果
一、准备		
① 穿好实训工作服，戴好工作手套；② 世达工具一套、笔记本和笔		

续表

内容	操作及数据记录	参考结果
二、实训内容——比亚迪 e5 驱动电机更换		
	拆卸	
工具准备	开始作业前，穿戴好工作服、绝缘鞋，做好车辆内外防护工作，防止弄脏、损坏或腐蚀车辆。按照规范流程完成车辆下电操作，放掉驱动系统冷却液，拆下高压电控总成	
	① 棘轮扳手。 ② 长接杆。 ③ 15mm、18mm、22mm 和 32mm 套筒各一个。 ④ 风炮	
拆卸真空助力泵、空调压缩机	① 拆下真空助力泵。 ② 拆下空调压缩机	
冷却水泵拆卸	拔下水泵电机插头	
	拆卸水泵电机线束卡扣	

续表

内容	操作及数据记录	参考结果
旋变传感器和温度传感器线束拆卸	拆下驱动电机旋变传感器和温度传感器插头及线束固定卡扣	
冷却水泵电机拆卸	用套筒扳手拧松电机水泵螺丝，拆下电机水泵	
车轮拆卸	用风炮扳手 18mm 套筒拧松车轮紧固螺母，拆下车轮	
半轴拆卸	用风炮扳手 32mm 套筒拧松半轴紧固螺母	
	① 用风炮和 22mm 套筒拆下减振和轮毂的连接螺栓、螺母。 ② 拔出减振和轮毂的连接螺栓	

续表

内容	操作及数据记录	参考结果
半轴拆卸	① 分离轮毂与半轴。 ② 沿半轴轴向小心拔出半轴球笼	
拆卸电机冷却水管	① 拔出电机冷却水管。 ② 检查是否连接搭铁	
拆卸电机	① 固定电机准备起吊	
	② 旋松并拆卸电机与车身的固定螺栓。 ③ 缓慢起吊，取出电机。 注意：起吊过程中应防止电机滑落，防止损坏周围其他部件	
安装		
安装电机	① 用吊车将所需更换电机小心吊入电机安装位。 ② 安装电机在车身固定的3颗紧固螺栓。 注意：吊入过程中要注意防止电机滑落及损伤周围部件	

续表

内容	操作及数据记录	参考结果
安装电机水泵及各种接插件	① 安装电机水温插头。 ② 安装电机旋变传感器插头。 ③ 安装电机温度传感器插头。 ④ 安装电机冷却水泵，紧固水泵螺栓。 ⑤ 安装电机水泵插头	
安装电机冷却水管	① 安装电机冷却水管。 ② 用鲤鱼钳固定好冷却水管卡箍	
安装驱动半轴	① 装入半轴。 ② 安装轮毂与减振之间的连接螺栓。 ③ 用风炮安装轮毂上的半轴紧固螺母	
安装车轮	① 安装车轮，拧上车轮紧固螺母；螺母拧紧力矩为120N·m ② 安装真空助力泵和电动压缩机	

三、整理场地

① 检查车辆、工具、设备是否恢复原位。
② 检查场地是否清理整洁

习　题

一、判断题

（1）功率分析仪实际上是电压表、电流表、功率表和频率表的有机融合，它实现了高精

度的电压、电流、频率、相位实时采集,并实时运算出功率结果。(　　)

(2) 电机性能的测量参数有负载特性测试、T-N 曲线测试、耐久性测试、空载测试、堵转测试、启动电流。(　　)

(3) 由于驱动电机检测设备价格昂贵,通常使用较少,在实际维修中,通常只进行电机各组成部件的检测。(　　)

(4) 关于驱动电机定子绕组的检测,可以分解电机的总成,但要注意人身安全。(　　)

(5) 正常情况下,在点火开关关闭后,高压系统还存在高压电,这是由驱动电机控制器中高压电容的存在造成的。需要经过一段时间的等待,高压电容中的电能才能完全释放。(　　)

(6) 电机也称为电动机、动力电机或驱动电机,是一种将电能转换成机械能,并可以使机械能产生动能,用来驱动其他装置的电气设备。(　　)

(7) 驱动电机对于新能源汽车来说就像人的心脏一样重要,它负责给整车提供驱动的力量,是新能源汽车驱动系统的核心部件之一。(　　)

(8) 由于新能源汽车的整车空间有限,因此第一要求驱动电机的结构紧凑、尺寸要小。(　　)

(9) 基于汽车用户的体验,新能源汽车驱动电机还需关注电机自身的安全性和舒适度。(　　)

(10) 同步电机是指转子转速与定子旋转磁场的转速同步的电机,电机的转子为永磁磁体,转子磁体的 N 极、S 极随着定子绕组的旋转磁场磁极的移动而旋转。磁场产生磁通量,电枢完成电能与机械能的转换。(　　)

(11) 拆卸蓄电池负极前,必须确保点火开关处于关闭状态,并将车钥匙放在口袋,等待 30min 后方可进行下一步操作。(　　)

(12) 在维修新能源汽车中,所有黄色高压线都有高压互锁装置,需要互锁到位。(　　)

二、选择题

(1) 不属于常见驱动电机的电量参数的是(　　)。【单选题】

A．电压　　　　　B．电流　　　　　C．功率　　　　　D．转矩

(2) 不属于常见驱动电机的非电量参数的是(　　)。【单选题】

A．频率　　　　　B．转速　　　　　C．转矩　　　　　D．噪声

(3) 驱动电机定子绕组检测首先要做的是(　　)。【多选题】

A．用 T30 套筒对角拆下 PEB 上的 7 颗固定螺栓

B．将万用表挡位旋至电阻挡,校正万用表

C．拆下手动维修开关,等待 5min

D．拆下电机线固定在 PEB 外壳上的 6 颗固定螺栓,并抽出 3 根电机线束

(4) (　　)是纯电动汽车的唯一动力源,可向外输出扭矩,驱动汽车前进后退,同时可

以作为发电机发电。【单选题】

  A．动力电池 B．变速器 C．压缩机 D．驱动电机

（5）属于新能源汽车驱动电机特点的是（ ）。【多选题】

  A．体积小 B．功率密度大 C．质量重 D．可靠性好

（6）（ ）是输出或输入为直流电能的旋转电机，它是能实现直流电能和机械能互相转换的电机。【单选题】

  A．直流电机   B．交流异步电机

  C．磁阻电机   D．永磁同步电机

（7）（ ）又称感应电动机，即转子置于旋转磁场中，在旋转磁场的作用下，获得一个转动扭矩，因而转子转动。转子是可转动的导体，通常多呈鼠笼状。【单选题】

  A．直流电机   B．交流异步电机

  C．永磁同步电机   D．磁阻电机

（8）关于纯电动汽车驱动电机的拆卸，第一步要进行（ ）。【单选题】

  A．冷却液的排放   B．拆卸轮胎

  C．齿轮油的排放   D．拆卸蓄电池负极端子

任务评价

请根据自己任务完成情况，对自己的工作进行评估、总结。

评分内容		自评	互评	教师评	总分
遵守安全规范操作（10分）					
遵守课堂纪律（10分）					
学生面貌（10分）					
课堂氛围（10分）					
团队合作（10分）					
掌握电机更换流程（15分）					
技能操作	能正确完成驱动电机的拆卸（7分）				
	能正确完成驱动电机的安装（8分）				
过程与方法（10分）					
完成本任务工作页（10分）					

反侵权盗版声明

　　电子工业出版社依法对本作品享有专有出版权。任何未经权利人书面许可，复制、销售或通过信息网络传播本作品的行为，歪曲、篡改、剽窃本作品的行为，均违反《中华人民共和国著作权法》，其行为人应承担相应的民事责任和行政责任，构成犯罪的，将被依法追究刑事责任。

　　为了维护市场秩序，保护权利人的合法权益，我社将依法查处和打击侵权盗版的单位和个人。欢迎社会各界人士积极举报侵权盗版行为，本社将奖励举报有功人员，并保证举报人的信息不被泄露。

举报电话：（010）88254396；（010）88258888
传　　真：（010）88254397
E-mail：　dbqq@phei.com.cn
通信地址：北京市海淀区万寿路 173 信箱
　　　　　电子工业出版社总编办公室
邮　　编：100036